KU-104-131

Armadilo ar fy mhen

Denu plant at farddoniaeth
Cerddi ac ymarferion – Cyfrol 1

Myrddin ap Dafydd

ACC. No: 01993246

Argraffiad cyntaf: Medi 2000

Rhif Llyfr Safonol Rhyngwladol: 0-86381-625-8

ⓗ Hawlfraint y cerddi: y gweisg/y beirdd

ⓗ Hawlfraint y testun: Awdurdod Cwricwlwm ac Asesu Cymru 2000

Mae hawlfraint ar y cerddi, y tasgau a'r lluniau hyn
ac ni ellir eu hatgynhyrchu na'u hailgyhoeddi heb
ganiatâd perchennog yr hawlfraint.

Lluniau a chynllun y clawr: Siôn Morris

Argraffwyd a chyhoeddwyd gan:
Wasg Carreg Gwalch, 12 Iard yr Orsaf,
Llanrwst, Dyffryn Conwy, LL26 0EH
☎ (01492) 642031   🖹 (01492) 641502
e-bost: llyfrau@carreg-gwalch.co.uk
lle ar y we: www.carreg-gwalch.co.uk

Dymuna'r cyhoeddwyr ddiolch o galon i'r beirdd i gyd am eu cymorth a'u
cydweithrediad a hefyd Gwasg Gee, Gwasg Gomer a Chyhoeddiadau
Sain am ganiatâd i atgynhyrchu cerddi dan hawlfraint.

Cynnwys

Cyflwyniad ar gyfer athrawon 5

Pwy yw pwy o blith y beirdd 7

1. 'Tydi sosej ddim yn sybmarîn' – Cerddi ar y thema: 'Bwyd' 11

2. 'Aeth plismon bach tew o Lanwrtyd' – Limrig 16

3. 'Pan fydd yr haul a'r môr yn cwrdd' – Cerddi ar y thema: 'Môr' 19

4. Cyflwyno bardd: Lis Jones 24

5. 'Dwi ishe bod mewn band roc a rôl' – Cerddi ar y thema: 'Hamdden' 29

6. 'Gwyyych! Waaaw! a Cŵŵŵl!' – Cerddi gan blant – darllenwch a mwynhewch .. 33

7. 'Tri pheth sydd yn fy ngwylltio' – Triban Morgannwg 36

8. Cyflwyno bardd: T. Llew Jones 40

9. 'Hen wraig yn pluo gwyddau' – Tynnu lluniau o'r tywydd gyda geiriau 45

10. 'Hyd blaen ei gynffon' – Haicw 49

11. 'CH sydd am chwerthin' – Lluniau mewn llythrennau 52

12. 'Dim ond seren wib' – Cerddi ar y thema: 'Y Gofod' 57

Llyfryddiaeth 62

Diolch

Dymuna'r awdur gydnabod cymorth a chydweithrediad nifer o athrawon a dosbarthiadau y cafodd gyfle i gydweithio â hwy wrth ymweld ag ysgolion ledled Cymru. Diolch hefyd i'r gweisg a'r beirdd am ganiatáu inni ddefnyddio'i cerddi yn y gyfrol hon.

Diolch yn arbennig i aelodau grŵp monitro'r prosiect o dan ACCAC am drafod y testun ac am sawl awgrym gwerthfawr:

Helen Adler (cydlynydd ACCAC)
Marc James
Eirian Williams
Aled Prys Williams
Gaynor Watts Lewis
Gwyn Tudur

Cyflwyniad ar gyfer athrawon

Wrth ymdrin â barddoniaeth, rydym yn ymwneud â'r pleser o drin geiriau mewn sawl ffordd ddiddorol a dyfeisgar. Mae'n bwysig pwysleisio'r pleser sy'n perthyn i'r grefft a'r mwynhad yn y darllen fel ei gilydd. Unedau i'w mwynhau yw cynnwys y llyfr hwn a gobeithio y bydd y pleser hwnnw'n ymestyn i'r chwilio a'r canfod sydd ynghlwm wrth yr ymarferiadau.

Mae *Armadilo ar fy mhen* yn cyflwyno deunydd a fydd yn seiliau i sesiynau barddoniaeth mewn ysgolion cynradd yn bennaf — blynyddoedd hynaf CA2, ond gyda rhai o'r cerddi'n addas ar gyfer blynyddoedd ieuengaf CA3 yn ogystal. Mae'r unedau yn cynnwys:

1. Casgliad o gerddi ar un thema benodol.
2. Cyflwyniad i gefndir bardd, detholiad o'i gerddi a chyfweliad.
3. Ymdriniaeth â mesurau penodol.
4. Tynnu sylw at nodweddion a ffurfiau arbennig sydd i'w canfod mewn rhai cerddi.

Gellir defnyddio'r gyfrol hon, wrth gwrs, fel blodeugerdd a dewis cerddi ohoni yn ôl eich ffansi a'ch mympwy. Ar y llaw arall, mae'n ddefnyddiol dilyn trefn yr unedau gan fod cyfle i gymharu gwahanol agweddau at yr un testun.

Darllen cerddi

Argymhellir bod y disgyblion yn cael eu cyflwyno i'r cerddi drwy ddarlleniad llafar gan yr athro. Mae darlleniad da, sy'n mwynhau rhythm a sain y llinellau, effeithiau dramatig a.y.b. yn gymorth i'r gwrandawr fwynhau a deall cerddi. Mae paratoi yn bwysig. Yn nes ymlaen, caiff y disgyblion gyfle i ddarllen cerddi yn uchel ar eu pen eu hunain ac mae'n bwysig eu bod yn medru gwerthfawrogi'r gwahanol batrymau a ddaw i'r amlwg mewn darlleniad da.

Trafodaeth

Ar ôl y darlleniad cyntaf, mae'n bwysig bod unrhyw faen tramgwydd fel gair anodd neu ddieithr yn cael ei esbonio. Mae rhai o'r cwestiynau yn yr ymarferion yn arweiniad i drafodaeth gychwynnol ar ddeall y gerdd. Gellir trafod y rhain yn llafar cyn mynd yn ôl at y gerdd a gwneud unrhyw waith ysgrifennu arni. Dylid cofio hefyd nad dealltwriaeth gair am air o'r gerdd yw'r bwriad — mae sain a rhythm a lluniau rhai llinellau yn cynnig digon o fwynhad ynddynt eu hunain a bydd y disgyblion yn medru cael gafael ar yr ystyr heb fedru'i esbonio'n llawn mewn geiriau.

Ymarferion

Mae amrywiaeth o dasgau wedi'u cyflwyno, rhai ohonynt yn ymestyn i bynciau a meysydd ehangach na iaith a llenyddiaeth. Ambell dro, awgrymir bod rhai o'r patrymau sy'n cael eu cyflwyno i'r disgyblion yn ffurfiau y gallant hwy eu dynwared eu hunain. Mae'n syniad da defnyddio canllawiau pendant wrth eu hannog i greu barddoniaeth. Nid yw'r hen syniad o roi testun neu thema i'r plant yn ddigonol — rhaid eu dysgu sut i fynd ati i roi geiriau at ei gilydd a llinell wrth linell. Gobeithio y bydd rhai o'r awgrymiadau yn yr ymarferion hyn yn gymorth i hynny. Mae cyflwyno eu gwaith eu hunain ar lafar — i ddosbarth arall, neu i weddill yr ysgol efallai — yn ysgogiad da i sgwenwyr ifanc yn ogystal.

Y peth pwysicaf i'w gofio yw bod barddoniaeth yn gyffrous ac yn llawn dychymyg. Mae cerddi yn gallu ein cyffwrdd, ein gwefreiddio a pheri inni feddwl. Mae hyn yn wir am blant a phobl o bob oed. Bydd y profiad yn un gwerthfawr. Mwynhewch!

Myrddin ap Dafydd

Pwy yw pwy o blith y beirdd

Tony Llewelyn
Yn enedigol o sir Fôn, mae bellach yn byw gyda'i deulu ym Morfa Nefyn. Mae'n berfformiwr amlwg ar lwyfannau ac ar raglenni radio a theledu. Mae hefyd yn gynhyrchydd, yn sgwennwr ac yn olygydd sgriptiau.

Geraint Løvgreen
Morwr o Ddenmarc oedd ei hen daid, ac wedi'i fagu yn ardal Wrecsam, mae Geraint a'i deulu yn byw erbyn hyn yn nhref Caernarfon. Cyfieithu yw ei alwedigaeth ond mae hefyd yn adnabyddus fel canwr, cyfansoddwr ac odlwr llawn dychymyg.

Lis Jones
Athrawes yn ardal Bangor yw Lis Jones. Enillodd wobrau mewn eisteddfodau cenedlaethol am ei cherddi i blant a chipiodd ei chyfrol gyntaf, *Byw a Bod yn y Bàth* wobr Tir na-nOg yn 1999.

Myrddin ap Dafydd
Brodor o Lanrwst a sefydlydd Gwasg Carreg Gwalch yn y dref. Enillodd gadair Eisteddfod Urdd Gobaith Cymru yn y Rhyl 1974 a chadair y Genedlaethol yng Nghwm Rhymni 1990. Cyhoeddodd a golygodd nifer o gyfrolau o farddoniaeth i blant ac oedolion.

Dorothy Jones
Pan oedd yn athrawes, roedd wrth ei bodd yn gweld plant yn cael hwyl wrth ddarllen cerddi doniol. Mae hithau'n hoffi clywed geiriau'n rowlio ac yn clecian yn ei cheg. Ei diddordebau yw cerdded mynyddoedd, mynd ar ei beic a darllen wrth ymyl y gwresogydd yn y gaeaf. Arferai hoffi sgïo hefyd (ond mae'n rhy hen bellach — meddai hi!)

Gwenan Gruffydd
Mae'n 37 oed ac yn byw mewn pentref bach yng nghanol Llŷn. Mae ganddi dri o blant sydd yn naw, chwech a thair oed. Pan oedd yn eneth fach, roedd yn perthyn i Glwb y Cymro (clwb plant y papur wythnosol) ac yn gyrru darn o farddoniaeth iddo bob wythnos — dyma'r unig ddarn y mae'n ei gofio:

> Mae gen i gi o'r enw Smot
> Un du â sbotie gwyn
> Mae'n hoffi chwarae pêl drwy dydd
> A bwyta bwyd o dún.

Mae Gwenan yn dweud y byddai rhai yn honni nad yw ei dawn fel bardd wedi gwella llawer ers hynny! Pethau ysgafn a digri fydd hi'n hoffi eu sgrifennu — y math o beth y mae ei phlant yn hoff o'i ddarllen neu wrando arno.

Eirug Wyn
Awdur a sgriptiwr toreithiog sy'n byw yn y Groeslon, ger Caernarfon. Enillodd rai o brif wobrau yr Eisteddfod Genedlaethol — Y Fedal Ryddiaith a Gwobr Goffa Daniel Owen — am ei nofelau i oedolion. Mae hefyd wedi cyhoeddi nofelau i blant a llawer o gerddi yng nghyfres Barddoniaeth Loerig i Blant.

Eilir Rowlands
Cafodd ei eni (meddai ef!) ac mae'n byw yn yr Hendre, Cefnddwysarn (ger y Bala). Cynllunio a chreu gerddi a chodi waliau cerrig yw ei waith bob dydd ond mae ei ddiddordebau yn cynnwys jiwdo, canu mewn côr a barddoni. Penillion ysgafn yw ei bleser mwyaf.

R.E. Jones (1908-92)
Yn enedigol o Langernyw cyn mynd yn brifathro i Gwm Penmachno ac yna Llanberis. Ymddeolodd i Lanrwst gan ddod yn arweinydd ar gylch o feirdd yn Nyffryn Conwy. Roedd yn englynwr crefftus ac roedd ganddo ddawn arbennig wrth lunio penillion a chaneuon doniol a ffraeth.

Gwyn Morgan

Dechreuodd Gwyn Morgan farddoni yn ifanc iawn – roedd yn lwcus am fod bardd go iawn yn byw yn ei bentref – Rhydwen Williams. Roedd yn gyfaill da iddo a thyfodd i edmygu beirdd a dyheu am fod yn un – rhyw ddydd. Mae gan Gwyn lawer o ddiddordebau – coginio, casglu cerddoriaeth jazz, cerdded, darllen, chwerthin gyda ffrindiau o gwmpas y bwrdd cinio . . . a barddoni.

D. Jacob Davies (1916-74)

Bardd, storïwr a darlledwr a aned yn Llandysul, Ceredigion. Bu'n weinidog gyda'r Undodiaid yn Aberystwyth, Aberdâr ac Alltyblaca ac roedd yn berfformiwr a sgriptiwr poblogaidd ar lwyfannau ac ar y radio. Gŵr ffraeth a llawn hiwmor a gyhoeddodd nifer o benillion a cherddi ysgafn.

Llion Jones

Mae gwreiddiau ei deulu ym Mrynaman, cafodd yntau ei fagu yn Abergele ac mae'n byw bellach ym Mhenrhosgarnedd. Mae'n ddarlithydd Cymraeg yn yr Adran Addysg ym Mhrifysgol Cymru, Bangor ac yn aelod cyson o dimau ymryson y beirdd ar y radio ac yn yr Eisteddfod Genedlaethol. Mae wedi cyhoeddi un limrig (meddai ef!) ac yn gweithio ar limrig arall ar hyn o bryd!

Emyr Huws Jones

Un o gyfansoddwyr caneuon gorau'r cyfnod diweddar. Yn enedigol o Langefni, sir Fôn, mae'n byw yng Nghaerdydd ond mae hiraeth am y môr a'i hynysoedd yn amlwg yn ei waith o hyd. Bu'n aelod o'r grwpiau poblogaidd y Tebot Piws a Mynediad am Ddim.

I.D. Hooson (1880-1948)

Bardd o Rosllannerchrugog a ddilynodd gyrfa fel cyfreithiwr. Cyhoeddodd ddwy gyfrol o farddoniaeth a daeth ei waith yn boblogaidd bron ar unwaith, yn arbennig fel darnau adrodd. Cerddi swynol ar y mesurau rhydd yw'r rhan fwyaf o'i waith.

T. Llew Jones

Bardd ac awdur llyfrau i blant a aned ym Mhentre-cwrt, Caerfyrddin. Bu'n athro a phrifathro mewn ysgolion cynradd cyn mynd yn llenor amser-llawn. Un o brif gymwynaswyr plant Cymru a gyhoeddodd dros hanner cant o lyfrau gan gynnwys nofelau antur a barddoniaeth.

J. Glyn Davies (1870-1953)

Ganed yn Lerpwl ond treuliai lawer o'i wyliau pan oedd yn ifanc gyda'i deulu yn Llŷn. Mae dylanwad straeon hen forwyr a bywyd y môr yn amlwg ar ei gerddi a'i ganeuon ac mae ei gyfraniad yn un arbennig iawn. Mae ei gasgliadau o ganeuon plant: *Cerddi Huw Puw* (1923), *Cerddi Robin Goch* (1935) a *Cherddi Portinllaen* (1936) yn boblogaidd o hyd.

Edward H. Dafis

Un o'r grwpiau roc-a-rôl cyntaf i ganu yn y Gymraeg. Roedd ganddo ddilynwyr brwd yn ystod 1970au ac mae llawer o'i ganeuon yn dal i gael eu hystyried yn glasuron hyd heddiw.

Emrys Roberts

Ganed yntau yn Lerpwl ond roedd yn un o'r 'plant cadw' ar ddechrau'r Ail Ryfel Byd a chafodd ei yrru i fyw i Benllyn, Meirionnydd. Bu'n athro ym Môn, Croesoswallt a Maldwyn ac enillodd gadair yr Eisteddfod Genedlaethol yn 1967 ac 1971, gan ddal swydd Archdderwydd o 1987-1990. Lluniodd sawl cyfrol o storïau i blant a chyhoeddodd nifer o gasgliadau o farddoniaeth iddynt yn ogystal.

Gwynne Williams

Brodor o'r Ponciau ger Rhosllannerchrugog. Mae'n athro Cymraeg yn Llangollen a chyhoeddodd dair cyfrol o farddoniaeth. Cyfansoddodd nifer o gerddi i blant, gan gynnwys llawer o gyfieithiadau.

Eirwyn George

Cafodd ei eni yn ardal Tufton, wrth odre'r Preseli yng ngogledd sir Benfro yn 1936. Bu'n gweithio adre ar y fferm am 12 mlynedd cyn mynd i Goleg Harlech, Coleg Prifysgol Cymru, Aberystwyth, a Choleg Llyfrgellwyr Cymru. Bu'n athro Cymraeg a Hanes yn Ysgol Uwchradd Arberth ac yn Ysgol y Preseli, Crymych, a hefyd yn Llyfrgellydd Gwasanaethau Diwylliannol yn sir Benfro. Enillodd y Goron yn yr Eisteddfod Genedlaethol ddwywaith, a chyhoeddodd naw o gyfrolau yn cynnwys barddoniaeth a rhyddiaith. Y mae wedi ymddeol o'i waith bellach ac yn byw gyda'i briod ym mhentre Maenclochog.

Emyr Lewis

Ganed yn Llundain ond maged yng Nghaerdydd ac mae bellach yn byw yng Nghwm Tawe ac yn dilyn ei yrfa fel cyfreithiwr. Enillodd gadair yr Eisteddfod Genedlaethol yn 1994 a'r goron yn 1998. Mae llawer o'i gerddi yn troi o amgylch byd y ddinas ac mae chwaraeon ymysg ei hoff ddiddordebau yn ogystal.

Carys Jones

Cynllunydd theatr a theledu o Lansteffan, sir Gaerfyrddin. Mae Carys yn mwynhau creu unrhyw waith celfyddydol i blant a bydd bob amser yn hoffi darllen cerddi sy'n gwneud iddi chwerthin.

Zohrah Evans

Mae Zohrah Evans yn darlithio ym Mhrifysgol Cymru, Bangor ers naw mlynedd. Cyn hynny roedd yn gweithio yn Ysgol Gynradd Amlwch, yn dysgu plant 11 oed. Byddai wrth ei bodd yn cyflwyno barddoniaeth iddyn nhw, a'u hannog i gyfansoddi eu cerddi eu hunain. Mae'n cael pleser mawr yn ysgrifennu ar gyfer plant yn ystod ei horiau hamdden, pan nad yw'n llenwi croeseiriau!

Dyfrig Davies

Dechreuodd fwynhau barddoniaeth yn yr ysgol gynradd ond drwy fynychu dosbarthiadau T. Llew Jones pan oedd yn ddeunaw oed y dechreuodd chwarae gyda geiriau. Nid yw'n ystyried ei hun yn fardd, dim ond yn berson sy'n hoffi sŵn a sigl gair. Mae'n gweithio ym myd teledu ar hyn o bryd ac felly yn gweithio gyda llun a geiriau. Gydag ysgrifennu cerddi rhaid i'r gair greu y llun – ac os yw'r llun geiriol yn glir ar y diwedd, wel dyna yw llwyddiant.

Valmai Williams

Un o'r Felinheli yw Valmai Williams yn wreiddiol ond bellach mae'n byw yn Aberdesach. Mae'n briod a chanddi ddwy ferch. Ei diddordebau yw sgwennu cerddi i blant a chyfansoddi, cyfeilio, garddio a chrwydro. Bu'n dysgu cerdd am flynyddoedd yng Nghymru a thros y ffin a phan nad oedd deunydd addas ar gael ar gyfer rhyw bwnc arbennig byddai'n llunio penillion a chyfansoddi alaw i'r geiriau, a chael blas ar hynny. Dyna ddechrau ei diddordeb mewn barddoni. Yn ddiweddar, cyhoeddodd gyfrol o hwiangerddi.

Aled Lewis Evans

Athro yn Ysgol Morgan Llwyd, Wrecsam yw ei alwedigaeth ac mae hefyd wedi cyhoeddi nifer o gyfrolau o farddoniaeth. Ganed ym Machynlleth, ond mae dylanwad Wrecsam a'r gogledd-ddwyrain yn amlwg iawn ar ei destunau a'i gerddi llafar erbyn hyn. Cyfansoddodd lawer o gerddi am fywyd ysgol.

'Tydi sosej ddim yn sybmarîn'

Cerddi ar y thema:
'Bwyd'

Picnic
Mae 'na forgrug yn y creision
Maen nhw'n crensian pan dwi'n cnoi,
Mae 'na bry ym mhob un brechdan
Mae 'na chwiws bob man dwi'n troi.

Mae 'na wenyn meirch fel *spitfires*
Yn anelu am y jam,
Mae 'na ddraenog hy' o rywle
Wedi'i heglu hi efo'r ham.

Mae 'na dyrchod yn y treiffl
Yn gwneud sŵn hufen fel 'dusgeis',
Ac mae 'na golomennod gwallgof
Yn cael bàth 'n y pwdin reis.

Mae 'na afr 'di bwyta'r lliain,
Mae'r cig ym mol y ci,
Tro nesa dwi'n cael picnic
Fydd o 'n gegin gefn tŷ ni.

Tony Llewelyn

Beth sydd gennych chi i'w ddweud?
1. Ydi'r syniad o gael picnic yn apelio atoch chi? Disgrifiwch leoliad eich picnic delfrydol –
ar lan y môr, mewn coedwig, ar lan afon, ar gopa mynydd, neu ble bynnag.
2. Mae'n amlwg bod y picnic sy'n cael ei ddisgrifio yn y gerdd hon yn un trychinebus.
Meddyliwch am ragor o bethau all fynd o'i le gyda'r bwyd ar bicnic. Beth ddigwyddodd i'r
bara brith, y sosej rôls, y lemoned, y fflan a'r cwpanau plastig tybed?
3. Edrych ymlaen ac yna cael siom – dyna hanes y picnic. Meddyliwch am rywbeth arall y
gallech edrych ymlaen ato. Rhestrwch bedwar peth aeth o'i le yn y profiad hwnnw.
4. Mae'r gwenyn meirch (yn yr ail bennill) 'fel *spitfires*' yn ôl y bardd. Beth oedd y *spitfires*?
Beth mae hynny'n ei awgrymu am ddull y gwenyn meirch o hedfan?

Y Picnic

Aeth Ceredig y Crwban a'i gyfaill mawr, Cled
   i'r goedwig am bicnic un tro,
a chychwyn a wnaethant ill dau mewn da bryd,
   am eu bod nhw mor hynod o slo.
'Rôl cerdded dow-dow am rai dyddiau drwy'r coed,
   mi ddaethant at lannerch fach glyd,
ac yno, ar liain bach del coch a gwyn,
   paratôdd y ddau grwban eu pryd:
brechdanau, cacennau a chreision a chnau;
   ond meddai Ceredig 'Hei, stop!
Y fi oedd i ofalu am fwyd inni'n dau,
   a ti, Cled, oedd fod dod â'r pop.
Bydd raid iti fynd bob cam adre i'w nôl.'
   Ond meddai Cled, 'Na wnaf i wir,
achos tra bydda i o'ma mi fyti di'r bwyd;
   dwi'n dy nabod di'n iawn ers rhy hir.'
'Dwi'n addo,' medd Ceredig y Crwban wrth Cled,
   'wna' i ddim cyffwrdd briwsionyn o'r wledd
nes byddi di'n ôl efo'r pop inni'n dau.'
   Fe gododd 'rhen Gledwyn o'i sedd:
'Wyt ti'n addo?' 'Duw, yndw.' 'Dim briwsionyn?' 'Wir yr.'
   'Ocê 'te,' a dyma fo'n mynd
gan adael Ceredig i wylio'r holl fwyd
   a disgwyl dychweliad ei ffrind.
Yr oriau aeth heibio, a'r dyddiau yn wir,
   ond doedd 'na ddim sein o'r hen Gled,
(Gobeithio ei fod o yn cofio lle cadwyd y pop,
   mewn hen ffrij yn y sied).
'Rôl dau fis o ddisgwyl roedd C'redig yn llwgu,
   a'i fol bron â hollti yn ddwy.
'Dwi'n siŵr 'sa hi'n iawn imi gael rhywbeth bach,'
   ond wrth estyn am un frechdan ŵy . . .
'A-HA!' gwaeddodd Cled o'r tu ôl i hen dderwen,
   ''di dy ddal di, ti wedi cael cop!
Roedd f'amheuon yn iawn– rŵan dwi'm yn mynd o'ma;
   gei di fynd yn ôl am y pop!'

Geraint Løvgreen

GAIR AM AIR
arferion - traddodiadau, hen ffyrdd o fyw
tymhestlog - stormus, brochus

Ar ôl gorffen chwerthin

1. Mae rhywbeth mawr wedi mynd o'i le yn y picnic hwn hefyd. Mae anghofio rhywbeth hanfodol yn medru difetha diwrnod da. Ceisiwch feddwl am bethau anffodus a allai ddigwydd wrth fynd:

   i wersylla
   ar drip i'r sŵ
   i ddal trên

2. Ydi Ceredig a Cledwyn yn enwau da ar grwbanod? Pam mae nhw'n swnio'n dda? Ceisiwch feddwl am enwau da i'r cymeriadau hyn:

   . . . y Lindys
   . . . y Deryn Du
   . . . y Porciwpein

3. Yn y llinell gyntaf, dywedir bod Ceredig a Cledwyn yn gyfeillion mawr. Erbyn diwedd y gerdd, a gredwch fod hynny'n wir? Beth, yn y pen draw, yw asgwrn y gynnen rhyngddynt?

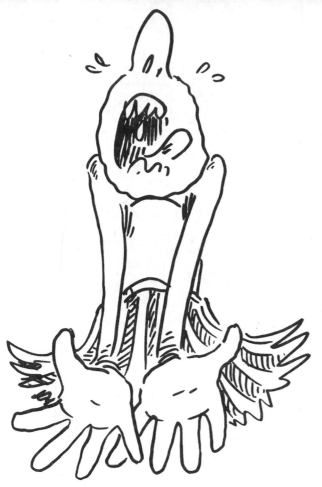

'Dw i eisiau da-da!

''Dw i ddim yn hoffi moron!
'Dw i ddim yn hoffi ffa!
'Dw i ddim yn hoffi llysiau gwyrdd
Mae'n well gen i dda-da!'

'Ond beth am blant sy'n llwgu
ar hyd a lled y byd,
yn llefain ac yn wylo
am ronyn bach o ŷd?'

'MAM! 'Dw i eisiau da-da RWÂN!!'

Lis Jones

Sylwi a siarad

1. Mae dau lais yn y gerdd hon. Pwy biau nhw a pha lais sy'n dweud beth?
2. Beth yw'r gwahaniaeth rhwng bwyd iach a llesol a da-da:
    a) yng ngolwg y plentyn?
    b) yng ngolwg y fam?
3. Mae'r gerdd yn awgrymu bod gwastraffu bwyd mewn un rhan o'r byd tra bod newyn mewn rhan arall ohono. Fedrwch chi feddwl am rywbeth arall sy'n cael ei wastraffu mewn un man er bod prinder ohono mewn man arall?
4. Sut fyddech chi – mewn un gair – yn disgrifio ymateb y plentyn?

Nid boa constrictyr ydi ciwcymbyr

Dyma nhw'n troi ar Taliesin Bach,
dweud nad ydi o'n bwyta'n ddigon iach,
dweud bod ei feddwl angen brêcs
nad oes pysgod aur mewn powlen corn-fflêcs.

'Be sy' arno?' maen nhw mewn sioc yn holi,
'yn galw coeden ar ddarn o frocoli?
yn credu, y lembo gwirion bost,
mai hances frown ydi darn o dost,
a rhaid inni hefyd danseilio'i gred
bod pryfed genwair mewn marmalêd.

'Tydi mefus ddim yn drwynau clown
na nionod yn 'winedd arth fawr frown;
nid pabell ydi tjopan borc;
nid awyren fach ydi hon – ond fforc.

'Tydi sosej ddim yn sybmarîn;
nid haul yn machlud ydi tanjarîn;
tydi bîns ddim yn benbyliaid coch
na sbageti yn gynffonnau moch;
tydi byrgar ddim yn olwyn lorri
na'r pâté'n botyn pwti, sori,
a tomato, wir-yr, ydi tomato
nid plismon tew wedi cymryd ato.

'Tydi tjips ddim yn bolion ffens
na sbrowts yn farblis. Wnei di weld sens?
Tydi chow-mein ddim yn ddryw coesau cul
na bara Ffrengig yn glustiau mul
a tydi pitsa chwaith ddim yn gloc
i ti gael ei fwyta o dic i doc.'

Waeth ganddyn nhw mai cwch ydi caws
er bod llyncu'r stori honno yn haws,
na, mae i rêsyns reswm, mae ystyr i grystyn
a tydi macaroni ddim yn 'mystyn.

Taliesin bellach sy'n siarad yn iawn
wrth ei fwrdd brecwast a'i de prynhawn,
ond aeth y bychan braidd yn llwyd
heb gael, erbyn hyn, yr un blas ar ei fwyd.

Myrddin ap Dafydd

Yn dilyn y darllen

1. Cerdd am ddefnyddio'r dychymyg yw hon. Un ffordd y bydd plant mân yn defnyddio'u dychymyg yw drwy roi enwau gwahanol a difyr ar fwyd bob dydd. Fedrwch chi feddwl am enwau diddorol ar:
    a) ciwi
    b) ffish ffingars
    c) ŵy wedi'i ffrio
    ch) crempog

2. Wrth ddefnyddio'r dychymyg, mae popeth yn bosibl. Mae darn o bren yn medru bod yn rafft ar ynys unig, mae carreg yn medru bod yn fynydd uchel. Pa gêm wyddoch chi amdani sy'n gofyn ichi ymestyn eich dychymyg?

3. Mae gwybod y geiriau cywir a gweld y cyfan yn glir yn golygu nad oes lle i'r dychymyg. Ond mae ffeithiau moel yn medru bod yn bethau digon diflas. Defnyddiwch eich dychymyg i geisio rhoi mwy o fywyd yn y llinellau canlynol e.e. Gyda chryn drafferth y cafwyd y catalog tew i mewn i'r amlen denau: *Roedd cael y catalog i mewn i'r amlen fel ceisio stwffio eliffant i'r twll dan grisiau.*

a) Rhedodd yr asgellwr heibio dau daclwr a sgorio yn y gornel.

b) Daeth dyn mawr saith troedfedd o daldra i mewn i'r ystafell.

c) Mae'n bwrw glaw yn drwm iawn.

ch) Car bychan iawn sydd gan yr athro newydd.

Bwyd bwli

Mae'r bwli'n bwyta bwlets
A hoelion miniog, main;
Ac ar ei dost mae'n taenu
Llond llwy o bigau drain!

Hen eiriau cas teledu
Yw'r siwgwr yn ei de,
A dannedd cil Rotweiler
Yw ei hoff fferins 'e.

Caiff frechdan danadl poethion
I'w ginio bob dydd Iau;
Ac yna, yn lle pwdin,
Ŵy crocodeil neu ddau!

Ond gwrandwch – amser swper
Caiff 'baby rice' a jam –
Yn ddistaw bach, mae'r bwli
Yn rêl hen fabi mam!

Dorothy Jones

Crafu dan yr wyneb

1. A yw'r bwyd y mae'r bwli yn ei fwyta yn awgrymu mai un caled ydyw? Rhestrwch bethau eraill y gallai fod yn eu bwyta.

2. Y swper yw pryd olaf y dydd – ac fel rheol, gartref fyddwn ni'n bwyta hwnnw. Mae'r bwyd y mae'r bwli yn ei fwyta ar ei aelwyd ei hun yn wahanol iawn i'r hyn mae'n ei gnoi yn gyhoeddus. Rhestrwch ragor o fwydydd 'babi mam' y gallasai fod yn eu bwyta.

3. Beth yw'r ansoddair sy'n groes i:

a) hapus

b) dewr

c) tawel

ch) caled

Cael blas ar y gerdd

1. Chwiliwch ac enwch y bwydydd Ffrengig arbennig sydd i'w canfod yn y gerdd hon.
2. Mae Ffrainc yn enwog am rai mathau o fwydydd. Enwch fwydydd arbennig sy'n perthyn i'r gwledydd hyn:
   a) India
   b) Yr Eidal
   c) Groeg
3. Rhestrwch y gwahanol ansoddeiriau sy'n cael eu defnyddio i ddisgrifio
   a) y bwyd yn Ffrainc
   b) y bwyd ar y cwch ar y ffordd adref
4. Ychwanegwch ragor o ansoddeiriau sy'n disgrifio
   a) bwyd blasus
   b) bwyd ych-a-fi
5. Er cystal yw'r bwyd dros y dŵr, mae'n well gan y 'ddynes fawr swnllyd' y bwyd diflas mae hi wedi arfer ag ef. A fedrwch chi feddwl am rywbeth arall sy'n well ymhell oddi yma, ond bod yr hyn sydd gennym adref yn denu yn ogystal? Ysgrifennwch ychydig linellau yn darlunio hynny.
[Sylwadau posibl: y tywydd/y ffyrdd/plismyn]

Gwyliau yn Ffrainc

Yn Ffrainc roedd 'na fara, a bara, a mwy,
Rhai hir fatha ffon, a rhai hirgrwn fel llwy;
Rhai'n llawn o gyrens neu siocled neu jam,
Rhai eraill wedi'u llenwi â chaws gwyn a ham.

Roedd tomatos siâp eirin, rhai bach a rhai crwn,
Yn aeddfed a melys â chroen llyfn fel drwm,
Roedd 'na 'falau a mefus a llwyni llawn mafon
A choed grawnwin yn rhesi 'r'ochr arall i'r afon.

Roedd 'na grempogau fflat gyda siwgwr neu lemon,
Neu hufen iâ melyn neu sorbet blas melon,
A chacennau bach taclus a'r eisin yn sglenio
Fferins siâp ffrwythau mewn bocsys 'di'u peintio.
Yn Ffrainc.

Ar y llong wrth ddod adre roedd 'na datws
                 stwnsh dyfrllyd,
Sosej 'di llosgi a phys llwyd-wyrdd rhynllyd,
A dynes fawr swnllyd a'i hambwrdd yn llawn,
Yn gweiddi 'O'r diwedd, hwrê! Bwyd go iawn!'

Gwenan Gruffydd

'Aeth plismon bach tew o Lanwrtyd'

Limrig

Patrwm Limrig		
Llinell	Trefn yr odl	Hyd y llinell
1 Roedd dyn bach . . .	a	hir
2 hoffai eistedd . . .	a	hir
3 Roedd un . . .	b	byr
4 gorweddian . . .	b	byr
5 Mae 'na . . .	a	hir

Dipyn o hwyl a sbort yw'r penillion byr, pum llinell sy'n cael eu galw'n limrigau. Mae rhythm eithaf doniol i'r pennill ac mae chwarae â geiriau a fflach o hiwmor yn hanfodol i'r mesur. Dyma limrig gan Geraint Løvgreen, un o bencampwyr y math hwn o bennill:

Roedd dyn bach yn byw 'Mhen-y-groes,
hoffai eistedd mewn llond bàth o does.
　Roedd un arall yn hoffi
　gorweddian mewn toffi.
Mae 'na bobol reit od yma 'ndoes?

Geraint Løvgreen

Y Mesur
Tapiwch rhythm y llinellau hyn gyda'ch bysedd a gwrandewch ar y patrwm sŵn. Gwelwch yn fuan fod patrwm arbennig i'r limrig ac mae pob un yn cadw at hyn:

a) mae ganddo bum llinell
b) mae llinellau 1, 2 a 5 yn defnyddio'r un odl ac mae llinellau 3 a 4 yn defnyddio odl wahanol
c) mae rhythm a nifer y sillafau yn llinellau 1, 2 a 5 yr un fath â'i gilydd ac mae rhythm a nifer y sillafau yn llinellau 3 a 4 hefyd yn dilyn yr un patrwm
ch)　mae llinellau 3 a 4 yn rhai byr iawn

Enwau lleoedd
Mae cynnwys enw lle ar ddiwedd y llinell gyntaf yn arfer poblogaidd iawn mewn limrig. Mae'r pennill fel arfer yn dechrau . . . Yna, mae'r limrig yn mynd ymlaen i fod yn fwy a mwy od, rhyfedd, doniol a digri. Dyma un arall gan Geraint Løvgreen:

Roedd dyn bach yn byw yn Hong Kong
oedd yn hoff iawn o chwarae ping-pong.
　Doedd ganddo fo'm bat
　na phêl, come to that:
Deud y gwir, roedd o'n chware fo'n rong.

Dyma ichi chwe limrig arall sy'n dechrau drwy sôn am bobl a lleoedd arbennig:

Mae 'na ddynes yn byw'n Aberhosan
Sy'n molchi ei gŵr mewn hen sosban,
　Mae'n molchi ei phlant
　Mewn pwll yn y nant
Ac yn molchi ei hunan mewn cwpan!

Eirug Wyn

Roedd dyn bychan, bach o Japan
Yn teimlo'n ofnadwy o wan.
　Wrth yfed ei Bepsi
　Pesychodd a phoeri,
Disgynnodd drwy'r twll mewn i'r can.

Eilir Rowlands

Aeth hogyn o bentre bach Plwmp
I seiclo, ond collodd ei bwmp;
  Wrth frêcio i'w nôl o
  Aeth bws i'w ben-ôl o;
Pan gododd, roedd ganddo fo lwmp.

Myrddin ap Dafydd

Roedd geneth fach ddel o Aleppo
Yn gweithio fel clerc mewn bws depo,
  Gwnaeth ddêt dros y ffôn
  Efo llanc o sir Fôn,
Ond 'difarodd pan welodd ei wep-o.

R.E. Jones

I Twm, doedd dim sôn am ei fag o
Pan laniodd yn nhre' Santiago;
  Roedd Twm yn reit flin:
  Roedd o welwch chi'n
Santiago, a'i fag o'n Chicago.

Myrddin ap Dafydd

Beth am i chi lunio llinell gyntaf yn unig gan ddefnyddio enw lle o Gymru? Rhowch eiriau at ei gilydd i sôn am rywun – hen/ifanc; gwryw/benyw – o'r mannau hyn. Gallwch roi ansoddair neu ansoddeiriau ar ei ôl a chyfeirio at ei swydd os mynnwch. Y peth pwysicaf yw cael y rhythm yn gywir e.e.

Aeth plismon bach tew o Lanwrtyd

Dewis o enwau lleoedd posibl: Abergele, Caerffili, Aber-soch, Dolgellau, Treganna, Llangollen, Cefn Mawr, Brynsiencyn, Llwyn-onn, Tregaron

Bydd rhai limrigwyr yn ailadrodd y llinell gyntaf fel y llinell olaf gan greu diweddglo bach hapus i'r limrig. Dyma enghraiifft o hynny:

Aeth plismon bach tew o Lantwrtyd,
I'w wely yn isel ei ysbryd,
  Breuddwydiodd am Jên
  A deffro â gwên
Wnaeth y plismon bach tew o Lanwrtyd.

Eich tro chi yw hi yn awr! Defnyddiwch un o'r llinellau cyntaf rydych chi wedi'u creu a cheisiwch gwblhau limrig cyfan.

Mae enwau o wledydd tramor a dieithr yn medru bod yn hwyl mewn limrigau. Dyma ddewis o linellau cyntaf ichi arbrofi gyda nhw:

Aeth geneth o draeth Honolwlw

Rhyw lencyn o Leamington Spa

Mae bachgen bach rhyfedd o Pluto

Mi welais hen wraig o Calcutta

Roedd dyn bach yn nhre Wageseri

Mae hogyn sy'n byw'n Santa Fe

Mae hogan yng ngwlad Ecwadôr.

* * *

Gan fod pob limrig yn ysgafn a doniol, mae newid y llinell olaf yn gymorth i roi tro annisgwyl i'r pennill. Mwynhewch y limrigau hyn:

Daeth gwich o ben-ôl Huw un diwrnod,
'Rôl bwyta llond plât o basteiod,
  Newidiodd ei wedd
  A chododd o'i sedd
A diflannu yn araf i'r gofod.

Gwyn Morgan

Mohamed Ben Ali ap Jincs
Sy'n gampwr ym myd tidli-wincs,
  Mor aml â pheidio
  Fe'u caiff hwy i neidio
Dros ben pyramidiau a'r Sphincs.

Jacob Davies

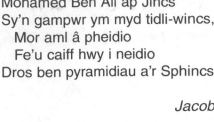

Un 'Dolig roedd Mam am arbrofi,
'Byddai camel yn neis yn lle twrci',
  Ac yn wir, doedd ei flas
  Ddim yn erchyll o gas,
Ond roedd ambell i lwmp yn y grefi.

Llion Jones

Mewn noson gwisg ffansi'n y colej
Aeth Twm wedi'i wisgo fel sosej
  Rôl andros o sbri,
  Aeth adra tua thri
A bwytaodd rhyw gi o'n y pasej.

Eilir Rowlands

Beth am roi cynnig arni?
Ceisiwch lunio limrig drwy ddefnyddio rhai o'r odlau isod. Medrwch ddewis unrhyw dri gair sy'n odli a'u defnyddio yn y drefn sy'n eich plesio chi:

a) y Bala, pili-pala, la-la, smala, dala, arth Coala
b) ar y We, hwrê, be?, lle, De, llaw dde, O.K.
c) macaroni, ohoni, sioni, llonni, cymoni, ymdonni, ffrwythloni, ar fy sgon i

Beth am lunio limrig yn cynnwys eich enw chi eich hun?

'Pan fydd yr haul a'r môr yn cwrdd'

Cerddi ar y thema:
'Môr'

Ynys Llanddwyn

Mi hoffwn fyw ar Ynys Llanddwyn,
Mewn bwthyn gwyn uwch ben y lli,
Gwylio adar y môr bob bore,
A dy gael di gyda mi.

Mae'r môr yn las rownd Ynys Llanddwyn,
Ac ynddo fe ymolchwn ni,
Lle mae'r adar yn pysgota,
O dwed y doi di gyda mi.

Gorwedd ar y traeth a theimlo heulwen yr haf,
Paid â phoeni am y glaw mae tonnau'r môr yn braf,
Mae eglwys Dwynwen ar Ynys Llanddwyn,
Ac ynddi fe weddïwn ni,
Gofyn iddi santes cariadon,
A ddoi di yno gyda mi.

Gorwedd ar y traeth a theimlo heulwen yr haf,
Paid â phoeni am y glaw mae tonnau'r môr yn braf,
A phan ddaw'r nos ar Ynys Llanddwyn,
Pan fydd yr haul a'r môr yn cwrdd,
Eisteddaf wrth y tân yn fy mwthyn,
Efallai nad af byth i ffwrdd.

Emyr Huws Jones

Chwilota

1. Chwiliwch am hanes Ynys Llanddwyn. Lle mae hi?
2. Beth oedd hanes Dwynwen? Beth yw ystyr 'santes cariadon'?
3. Yn ôl yr awdur, cafodd y gân ei chyfansoddi pan fu'r ynys ar werth. Roedd ganddo awydd mawr ei phrynu, meddai, am ei bod yn golygu cymaint iddo. Chwiliwch am y llinellau sy'n awgrymu pam mae mor hoff ohoni.
4. Chwiliwch am wybodaeth am ynysoedd eraill ac eglurwch beth sy'n rhoi cymeriad arbennig iddynt.

Guto Benfelyn

Guto benfelyn o Dyddyn-y-celyn,
A Gwenno o Dyddyn-y-gwynt,
A aeth un diwrnod
I chwarae i'r tywod,
Yn ysgafn a llawen eu hynt –
Guto benfelyn o Dyddyn-y-celyn,
A Gwenno o Dyddyn-y-gwynt.

Hwy welsant y llongau yn mynd dros y tonnau,
A'u hwyliau yn chwarae'n y gwynt,
A llawer gwylan
Benchwiban yn hofran
A hedfan yn simsan ei hynt –
A diwrnod i'w gofio oedd hwnnw i Guto,
A Gwenno o Dyddyn-y-gwynt.

Castell o dywod, a ffos yn ei waelod,
A'i faner yn chwifio'n y gwynt,
A chlawdd i'w amddiffyn
O wymon a chregyn
I atal y llanw, a hynt
Holl lengoedd y gelyn, wnaeth Guto benfelyn,
A Gwenno o Dyddyn-y-gwynt.

A'r tonnau a ruodd, a'r castell a gwympodd,
A'r llanw a ruthrodd yn gynt,
Gan ddwrdio a gwylltio
A'r wylan yn crio,
Bron syrthio mor simsan ei hynt –
Ond chwerthin, a chwerthin, wnaeth Guto benfelyn
A Gwenno o Dyddyn-y-gwynt.

I.D. Hooson

Clustfeinio

1. Mae sŵn a symudiad da i'r llinellau hyn. Darllenwch un pennill gan dapio'r rhythm gyda'ch bysedd.
2. Darlunio diwrnod ar y traeth y mae'r gerdd ac mae'n sionc a llawn asbri drwyddi. Chwiliwch am y geiriau sy'n awgrymu bod amser da i'w gael ar lan y môr.
3. Ystyriwch y ddwy linell gyntaf. Gwrandewch ar y sain gyfoethog sydd yn perthyn iddynt a chwiliwch am enwau a geiriau eich hunan i lenwi'r bylchau hyn a chreu tipyn o fiwsig yr un pryd:
Guto....................o Dyddyn-y-......................
A....................o Dyddyn-y- ....

Y graig ar lan y môr

Bu craig ar draeth Llangrannog
Er dechrau cynta'r byd,
Yn herio'r gwynt a'r tonnau,
Ac yno mae o hyd.

A phan fo'r storm ar ddyfod
Bydd gwylain yn un côr
Yn crio'n drist ar ysgwydd
Y graig ar lan y môr.

Dan bwysau'r maith ganrifoedd
Fe aeth ei chefn yn grwm,
A thyfodd crach o gregyn
Dros ei hystlysau llwm.

Bu'r môr yn ceisio'i chwalu
Sawl milwaith, ar fy ngwir;
Ond daliodd hi i'w herio;
Dyn i chi herio hir!

A phan â'n llwch ein cestyll,
A thyrau ucha'r byd,
Bydd craig ar draeth Llangrannog
Yn herio'r môr o hyd.

T. Llew Jones

GAIR AM AIR
gwylain - gwylanod
ystyslau - ochrau
crwm - cam, yn ei phlyg
crach - brech, briwiau

Edrych yn nes

1. Nid hyfrytwch a miri glan y môr sydd yn y gerdd hon ond darlun o dywydd garw, a'r frwydr rhwng y tonnau a'r tir. Pa eiriau yn y gerdd sy'n awgrymu mai tasg anodd yw sefyll yn erbyn stormydd y môr?

2. Beth mae 'sawl milwaith' yn ei gyfleu i chi?

3. Mae'r graig sydd ar draeth Llangrannog yno 'er dechrau cynta'r byd'. Meddyliwch am un adeilad amlwg yn eich ardal chi a chwiliwch am ei oedran.

4. Er bod y graig mor hen, beth fydd ei hanes yn y dyfodol?

5. Meddyliwch am hen goeden yn eich ardal sydd yno ers talwm. Yn erbyn beth y mae honno yn gorfod brwydro er mwyn dal ei thir tybed?

Llongau Caernarfon

Mae'r holl longau wrth y Cei yn llwytho;
Pam na cha' i fynd fel pawb i forio?
Dacw dair yn dechrau warpio
Ac am hwylio heno:
Byrcinèd, Bordô a Wiclo.
Toc daw'r stemar bach i'w touo,
Golau gwyrdd ar waliau wrth fynd heibio.

Pedair llong wrth angor yn yr afon;
Aros teit i fynd tan Gastell C'narfon.
Dacw bedwar golau melyn
A rhyw gwch ar gychwyn;
Clywed sŵn y rhwyfau wedyn.
Toc daw'r stemar bach i douo.
Golau coch ar waliau wrth fynd heibio.

Llongau'n hwylio draw a llongau'n canlyn,
Heddiw fory ac yfory wedyn.
Mynd â'u llwyth o lechi gleision
Dan eu hwyliau gwynion
Rhai i Ffrainc a rhai i'r Werddon.
O na chawn i fynd ar f'union
Dros y môr a hwylio'n ôl i G'narfon.

Holaf ym mhob llong ar hyd yr harbwr,
Oes 'na le i hogyn fynd yn llongwr,
A chael spleinsio rhaff a rhiffio
A chael dysgu llywio
A chael mynd mewn cwch i sgwlio.
O na chawn i fynd yn llongwr,
A'r holl longau'n llwytho yn yr harbwr.

J. Glyn Davies

GAIR AM AIR

warpio - cael eu halio o borthladd
touo - towio, tynnu
teit - llanw
splensio - uno dau ben drwy eu plethu
rhiffio - lleihau arwynebedd hwyl
sgwlio - rhwyfo

Holi ac ateb

1. Mae'r môr yn golygu gwaith i nifer o bobl. Fedrwch chi enwi rhai o'r swyddi sy'n gysylltiedig â'r môr?
2. Y 'Cei' yn y pennill cyntaf yw'r Cei Llechi, sydd rhwng y castell a'r afon yng Nghaernarfon. Ond lle mae 'Byrcinèd, Bordô a Wiclo'?
3. Pam mae'n rhaid cael stemar i 'douo' (towio) llongau o'r harbwr.
4. Mae rhai o'r termau yn cyfeirio at nodweddion a gorchwylion ar yr hen longau hwylio e.e. warpio, spleinsio rhaff, rhiffio a sgwlio. Beth arall sy'n rhoi blas llongau'n gadael harbwr i'r gerdd?
5. Beth ddychmygwch chi yw'r ateb i'r cwestiwn 'Pam na cha' i fynd fel pawb i forio?'

Cloc tywod

'Beth sy'n y tywod, Cara fach?
beth sy'n dy dynnu di?
dy ddwylo fel cwpanau bach
wrth godi caer i mi,
gan gau y drws â chregyn glas
rhag ras holl donnau'r lli.'

'Mae amser yn y tywod, Mam,
mae'n heddiw ac mae'n haf,
mae merch o'r môr a'i chariad, Mam,
mewn gwely gwymon braf,
a sgwennu'i henw ar y traeth
ar bnawn o haf a wnaf.'

Ond troi mae'r llanw, Cara fach,
y mae gwefusau gwyn
yn chwalu â'u cusanau bach
dy freuddwyd erbyn hyn;
mae blas yr heli yn dy wallt
yn hallt – paid bod mor syn.'

'A ga' i fynd â'r tywod, Mam,
mewn cragen gyda mi,
a darn o'r haul uwch ben y bae
yn gof amdani hi –
y ferch a ddaeth, a aeth yn ôl,
yn ôl i donnau'r lli?'

Myrddin ap Dafydd

Cloddio'n ddyfnach

1. Sgwrs rhwng pwy yw'r gerdd?
2. Beth mae Cara fach yn ei wneud yn y pennill cyntaf?
3. Pa amser sydd yn y tywod?
4. Beth sy'n digwydd nesaf?
5. Beth yw'r 'gwefusau gwyn'?
6. Beth sy'n cael ei chwalu?
7. Er bod amser wedi cerdded yn ei flaen, mae rhywbeth ar ôl o hyd. Beth ydyw? Beth sy'n cynorthwyo Cara i gofio am y prynhawn ar y traeth?
8. Mae'r traeth rhwng dau amser o hyd – rhwng trai a llanw neu rhwng llanw a thrai. Mae llinell y tonnau yn dangos bod amser yn symud o hyd, o hyd. Wrth fynd allan, mae'r môr yn gadael tywod llyfn a glân i ni greu rhywbeth arno cyn iddo ddod yn ôl drachefn i'w chwalu. Rhwng trai a llanw, beth fyddech chi yn ei greu ar y traeth?

* * *

Mwy am y môr

1. Mae sawl ochr yn perthyn i gymeriad y môr. Pa natur sy'n perthyn i'r môr welwn ni ym mhob un o'r cerddi yn yr adran hon?
2. Chwiliwch am ragor o gerddi sy'n sôn am y môr.
3. Meddyliwch am bethau eraill sy'n perthyn i ffurf y ddaear e.e. afonydd, mynyddoedd a cheisiwch ddod o hyd i gerddi amdanynt. Beth sydd yn debyg a beth sydd yn wahanol yn y cerddi hynny tybed i'r cerddi hyn am y môr?

Cyflwyno bardd:
Lis Jones

Cyfarfod â Lis Jones

Un o Nefyn yw Lis Jones yn wreiddiol – tref fechan ar arfordir Llŷn. Llongwyr a seiri coed oedd teulu ei thad a chwarelwyr oedd teulu ei mam. Bu ei thad farw pan oedd Lis yn ifanc iawn ac felly ei mam oedd yn cynnal y teulu trwy gadw siop groser fechan yn Nefyn. Mae Lis bellach yn byw ym Mangor ac yn gweithio'n rhan amser fel athrawes bro mewn dwy ysgol yn y dref.

Dechreuodd ysgrifennu barddoniaeth i blant yn 1994 pan anfonodd dair cerdd am y Nadolig at Myrddin ap Dafydd yng Ngwasg Carreg Gwalch. Derbyniodd Myrddin y cerddi a'u cynnwys yn y gyfrol *Nadolig, Nadolig*. Wedi hynny mae'r wasg wedi cynnwys rhai o'i cherddi yn *Chwarae Plant, Ych! Maen nhw'n neis* a *'TAWELWCH!' taranodd Miss Tomos*. Ym mis Medi 1998 cyhoeddwyd ei chasgliad cyntaf, sef *Byw a Bod yn y Bàth*.

Mae gan Lis ddiddordeb mewn hanes lleol, hel achau, crwydro a darllen. Ar y funud mae'n ceisio dysgu Sbaeneg mewn dosbarth nos.

Nefyn

Clywais Mam yn sôn yn aml
Am Nefyn a Phenrhyn Llŷn.
Pan fyddaf wedi tyfu
Mi af yno i fyw fy hun.

Caf gerdded ar Ben Lleinia
A dringo Creigiau Mawr,
Ac eistedd yn yr heulwen
I bysgota am rhyw awr.

Caf chwilio am Lôn Josyn,
Twll Bwgan a Thwll Crwn.
Yn Weirglodd ac yn Tincoed
Caf amser braf mi wn.

Mi af i Bryn y Mynach
I chwarae efo'r plant,
Cawn hwyl yn rasio cychod brwyn
A gwlychu yn y nant.

Bydd adlais Carreg Lefain
Yn atsain dros y lle,
Wrth ddweud mai pentref Nefyn
Yw'r agosaf at y ne'.

Deall a chofio

1. Beth, feddyliwch chi, ydi Pen Lleinia, Creigiau Mawr, Lôn Josyn, Twll Bwgan, Twll Crwn, Weirglodd, Tincoed, Bryn y Mynach a Charreg Lefain?

2. Efallai nad yw pob un o'r enwau uchod yn lleoedd ar fap. Fedrwch chi feddwl am enwau ar gonglau bychain yn eich bro chithau nad ydynt i'w gweld ar fap – dim ond bod pobl yr ardal yn sôn amdanynt?

3. Yn y gerdd, y fam sydd wedi bod yn sôn am Nefyn a Phenrhyn Llŷn. Oes rhywun yn eich teulu chi yn sôn byth a hefyd am leoedd arbennig? Pwy a ble? Fuasech chi'n hoffi byw yno?

4. Lle yw'r man 'agosaf at y ne'' yn eich golwg chi?

24

Cornel y bardd

Atgofion am fy mhlentyndod yn Nefyn sydd y tu ôl i'r gerdd hon. Bryd hynny roedd hi'n weddol ddiogel i blant chwarae allan ar y stryd a mynd i grwydro i lan y môr ac i fyny'r mynydd heb oedolyn ar eu cyfyl.

Treuliwn oriau gyda'm cyfnither, Mary, yn chwilota am gregyn 'lwcus' wrth ymyl Creigiau Mawr. Yna byddem yn disgwyl i'r llanw fynd allan er mwyn mynd at bwll arbennig yng nghanol y creigiau a thaflu'r cregyn lwcus i mewn a gwneud dymuniad. Byddwn wrth fy modd yn chwarae yn y nant ym Mryn Mynach. (Cae chwarae'r plant yw Bryn Mynach. Efallai eich bod wedi clywed amdano os ydych wedi darllen llyfr Elizabeth Watkin Jones, *Cwlwm Cêl.*) Yno byddem yn gwneud cychod brwyn a chael rasus i weld pa un ddôi allan o dan y bont gyntaf. Yn y Weirglodd awn i gasglu llond breichiau o fwtsias y gog ac awn i fyny at Lôn Josyn i hel briallu. Mae plant heddiw yn gwybod na ddylent gasglu'r blodau gwyllt.

Lle arall yr hoffwn fynd iddo oedd i fynydd Gwylwyr sydd wrth ymyl Carreg Lefain. Yno arferwn ddal genau pry' gwirion a phenbyliaid.

Yn Nefyn yn y 1950au, roedd pawb yn adnabod ei gilydd a phawb bron yn siarad Cymraeg.

Amser gwely

'Plis ga' i aros
I weld Mr Bean?'
'Na, mae'n amser gwely,'
Meddai Mam yn flin.

Mae 'mrawd yn cael aros,
Mae o bron yn ddeg.
Dwi isio bod yn hogan fawr,
Dydi hyn ddim yn deg.

'Tyrd i gael stori.'
Mae Mam yn glên yn awr.
Na, wedi meddwl,
Dwi ddim isio tyfu'n fawr.

Aros i feddwl

1. Beth, yn eich barn chi, yw'r manteision o fod rhyw ddwy flynedd yn hŷn nag yr ydych chi ar hyn o bryd?
2. Yn ôl y gerdd, rydym yn colli cael stori cyn cysgu wrth dyfu. A fedrwch chi enwi rhai pethau eraill y byddwn yn eu colli wrth fynd yn hŷn?

Brawd a chwaer

Drewi o ogla da
Ac yn byw a bod yn y bàth,
Neu ar y ffôn.
Ei chlustiau yn llawn canu
A'i gwallt yn newid ei liw
Cyn amled â dwi'n newid fy nhrôns.
Fiw iddi fwyta sglodion
Rhag iddi fynd yn dew.
Mae'n eu rhoi nhw i mi.
– Fy chwaer fawr.

Yn faw o'i gorun i'w sawdl
A thwll yn ei drowsus
Yn dangos ôl y gwaed ar ei ben-glin.
Gwallt byr
Yn dangos croen ei ben
A charrai ei esgidiau
Wastad ar agor.
Yn ei law, a beunydd yn ei feddwl,
Llyfr sticeri pêl-droed.
Gwên lond ei wyneb budur.
– Fy mrawd bach.

Golwg ar y geiriau

1. Mae dau lais yn y gerdd hon – yn y pennill cyntaf mae'r brawd bach yn disgrifio'r chwaer fawr, ac yn yr ail bennill mae'r chwaer fawr yn disgrifio'r brawd bach. Sut fyddech chi'n disgrifio'r disgrifiadau:
a) cas b) caredig c) annwyl?
2. Ydi'r ddau ddarlun yn debyg o fod yn agos at y gwir yn eich barn chi? A yw'r rhai sy'n byw gyda ni yn ein adnabod yn well na neb arall?
3. Ceisiwch greu llinellau am frawd neu chwaer fawr/fach gan greu darlun dychmygol ohonynt.

Yn y bore

Cael gwared â chysgodion du y nos
A syrthio i mewn i'm sgidia.
Taro cadach dros fy ngwep,
Dim amser i frecwasta.
Anelu'n syth am yr ysgol bell
A cheisio cael tân dani,
Ond mae'r gloch yn canu!
'Methu codi eto Siôn?'
'Na syr, methu peidio cysgu.'

Hel esgusion

1. Beth yn y pedair llinell cyntaf sy'n awgrymu bod Siôn yn cael trafferth i gael digon o amser yn y bore?
2. Rhestrwch bedwar rheswm go iawn a allai eich rhwystro rhag bod yn yr ysgol mewn pryd:
    a) rhy hwyr i ddal y bỳs
    b)
    c)
    ch)
3. Esgus Siôn dros fod yn hwyr yw ei fod yn 'methu stopio cysgu'. Mae hynny'n swnio'n well na'i fod yn methu codi, mae'n debyg! Troswch y pedwar rheswm go iawn uchod yn esgus sy'n swnio'n well e.e.
    a) aeth y bỳs cyn i mi gyrraedd
    b)
    c)
    ch)

Aderyn y to

Clywais y glec
Wrth i'w gorff bach
Daro ffenest y parlwr cefn.

Fe'i gwelais yn stryffaglu
I godi ar ei goesau egwan,
Ond methu a wnaeth.

Teimlais ei gorff yn gynnes
Yn fy nwylo,
A'i galon yn curo'n ofnus.

Clywais flas y dagrau
Ar fy ngwefusau
Wrth i'w lygaid bach bylu.

Aroglais bridd yr ardd
Yn hen a llaith,
Wrth imi ffarwelio ag ef.

Blasu'r geiriau

1. Enwch y pum synnwyr.
2. Pa synnwyr sy'n cael ei ddeffro ym mhob un o benillion y gerdd hon?
3. Mae pob synnwyr yn rhoi neges inni gan ychwanegu at bob profiad a gawn. Wrth inni sôn am y profiadau hynny wrth eraill, mae'n bwysig inni gofio am neges pob un o'r synhwyrau. Fel arfer, rydym yn canolbwyntio ar bethau rydym yn ei weld yn unig, heb gofio am y pedwar synnwyr arall. Ysgrifennwch bum pennill byr, pob un yn disgrifio'r pum synnwyr yn ei dro, gan feddwl am eich profiadau mewn barbeciw.

Sgwrs gyda Lis Jones

Mae oedolion a phlant a phlant ac oedolion yn amlwg iawn yn eich cerddi. Lle byddwch yn sylwi ar bethau felly?

Y bobl bwysicaf yn fy mywyd i yw fy ngŵr, John, a'm plant. Mae'r tri phlentyn, Dyfrig, Penri a Lowri yn oedolion bellach ac atgofion amdanyn nhw sydd yn sawl un o'r cerddi. Dwi hefyd yn gweithio efo plant mewn mwy nag un ysgol ac felly yn cael llawer o ysbrydoliaeth yno – byddwch yn ofalus beth ydach chi'n ei wneud ac yn ei ddweud pan fydda i yn gweithio yn eich ysgol chi rhag ofn imi ysgrifennu cerdd amdanoch!

Cerdd drist am aderyn yw 'Aderyn y to'. Ydych chi'n hoff o adar?

Fuaswn i ddim yn dweud bod gwylio adar yn hobi gen i ond mi rydw i'n hoffi eistedd yn y tŷ yn edrych drwy'r ffenest ar eu campau nhw, yn enwedig y titw tomos las. Fedrwn i ddim gafael mewn aderyn ac mae arna i dipyn bach o ofn y gwylanod mawr sy'n bla o gwmpas y tŷ yma ar y funud. Ychydig o flynyddoedd yn ôl roedd cyw gwylan yn ein gardd a phob tro yr âi unrhyw un allan o'r tŷ, byddai'r fam yn ceisio ymosod arno er mwyn amddiffyn y cyw bach.

Mae cerddi am fwlio yn eich casgliad o farddoniaeth, Byw a Bod yn y Bàth. *Pam ydych chi'n sôn am ambell beth cas yn eich cerddi?*

Gwaetha'r modd, mae 'na bethau cas yn digwydd yn y byd pob dydd a fedra i ddim anwybyddu'r ffaith fod rhai plant yn bwlio. Diolch byth, mae 'na fwy o blant clên na rhai cas yn yr ysgolion dwi'n ymweld â nhw.

Mae gennych gerddi eraill sy'n llawn o sŵn anhygoel ac enwau hudol. Ydych chi'n hoff o ambell air dim ond am ei fod yn swnio'n dda? Pa rai?

Mae pob math o eiriau yn fiwsig i'm clust – sidan a siffrwd, pendramwnwgl, *meuble* (dodrefn yn Ffrangeg), enwau lleoedd fel Cwm Nant yr Eira, Ystrad-fflur a Llanfair-ym-Muallt, enwau blodau, coed ac adar fel meillion, criafolen, ji-binc a sigl-i-gwt. Mae'r rhestr yn ddi-ben-draw a dweud y gwir. Pan oeddwn yn blentyn mi fyddwn wrth fy modd yn adrodd clymau tafod megis 'Rowliodd Lowri lawr yr allt' a beic Meic – 'Mae Meic ni yn gofyn geith o fenthyg beic Meic chi a 'sna geith Meic ni fenthyg beic Meic chi cheith

Meic chi ddim menthyg beic Meic ni pan geith Meic ni feic gwell o lawer na beic Meic chi.' (Gellir newid Meic a'i feic am Morgan a'i fowth organ neu Jo a'i fanjo.)

Ydych chi wedi cystadlu dipyn wrth gyfansoddi cerddi? Beth yw gwerth cystadlu?

Dwi wedi cystadlu ar ysgrifennu barddoniaeth mewn pedair eisteddfod a'r feirniadaeth bob tro yn rhoi hwb imi fynd ymlaen i ysgrifennu mwy. Dyna am wn i yw gwerth cystadlu – cael barn ddiduedd am y cerddi.

Rydych wedi ennill gwobr arbennig, un o wobrau Tir-na-nOg, gyda'r gyfrol Byw a Bod yn y Bàth. *Beth mae derbyn anrhydedd o'r fath yn ei olygu i chi?*

Roedd yr arian a enillais yng Ngwobr Tir-na-nOg yn dderbyniol iawn ac mae'r ffaith fod pobl (a phlant gobeithio) yn mwynhau darllen y cerddi yn rhoi hyder imi ac yn fy annog i geisio ysgrifennu mwy o gerddi.

Mae ambell stori ddoniol neu ddywediad doniol gan blentyn yn eich cerddi. Oes gennych chi enghreifftiau o rai pethau gwreiddiol gan blant sy'n apelio atoch?

Dwi wrth fy modd yn gwrando ar blant yn sgwrsio. Dwi'n cofio gwrando ar fy mab Penri pan oedd o'n hogyn bach yn yr ysgol gynradd. Fe'i clywais yn ceisio egluro i'w chwaer fach nad ci oedd Beethoven ond cyfansoddwr enwog. 'Ti'n gwybod,' medda fo, 'mae o'n sgwennu cerddoriaeth, 'run fath â Mozart a Handel a Small'!

Dro arall aeth ein teulu am bryd o fwyd ac yng nghanol y pryd aeth Lowri, oedd newydd ddechrau darllen Saesneg, i'r toiled. Pan ddaeth yn ôl gofynnais iddi a oedd wedi golchi ei dwylo.

'Naddo,' oedd yr ateb.

'Wel pam?' gofynnais iddi. 'Mae hi'n bwysig dy fod yn golchi dy ddwylo ar ôl bod yn y toiled.'

'Roedd o'n dweud ar y wal am beidio gwneud hynny,' oedd ei hateb. 'Roedd o'n dweud *No wash your hands*.'

Wrth gwrs, pan es i'n ôl i'r toiled efo hi, *Now wash your hands* oedd yr arwydd yn ei ddweud!

Beth fyddai eich cyngor i blentyn wrth iddo fynd ati i sgwennu?

Mae plant, yn aml iawn wrth geisio sgwennu barddoniaeth, yn meddwl yn syth am odl ac yn rhoi geiriau i mewn er mwyn odli, er nad yw'r geiriau a ddewisir pob amser yn addas. Fy nghyngor i yw i ganolbwyntio mwy ar rhythm y gerdd i ddechrau. Cofiwch nad oes rhaid cael brawddegau llawn – does neb yn eich cywiro am beidio rhoi llythyren fawr at atalnod llawn, sŵn y gerdd sy'n bwysig. Darllenwch y gerdd yn uchel i chi'ch hun neu i'r gath neu'r ci neu'r bwji ac os ydych chi'n mwynhau sŵn y gerdd, mae 'na obaith y bydd hi'n plesio pobl eraill hefyd.

Soniwch dipyn am eich cerdd 'Dychymyg'.
Ysgrifennais y gerdd 'Dychymyg' pan oeddwn yn sefyll mewn ciw hir i fynd i weld un o'r atyniadau yn Disney World, Florida, ychydig o flynyddoedd yn ôl. Mae Walt Disney wedi dod a phleser i filoedd o blant drwy edrych ar bethau cyfarwydd a defnyddio ei ddychymyg i greu cymeriadau hudol a sefyllfaoedd doniol a dychrynllyd.

Wrth ysgrifennu barddoniaeth fedr neb ddweud 'Chei di ddim dweud hynna'. Os ydi eich dychymyg chi yn gweld llun, defnyddiwch eich dawn i ddangos y llun i eraill mewn geiriau.

Dychymyg

Dewch gyda mi ar daith y dychymyg,
At bethau a mannau na welodd y byd,
At liwiau a synau, breuddwydion a ffurfiau,
At bethau nad ydynt yn digwydd o hyd.

Mae byd y dychymyg yn llawn anturiaethau,
Yn ofod a thraethau, yn foroedd a sêr,
Mae plant yn oedolion a phobl yn fychan,
Does dim torri rheol, mae bywyd mor bêr.

Does dim torri rheol ym myd y dychymyg,
A hynny am nad oes un rheol i'w chael,
Mae popeth fel mynnwch ym myd y dychymyg,
Felly, dewch ac ymgollwch, mae'r byd yn un hael.

Dal y dychymyg

1. Beth wnewch chi o'r llinell 'Mae plant yn oedolion a phobl yn fychan'? Ydych chi wedi gweld pobl fawr yn ymddwyn fel plant erioed? Rhowch enghraifft.
2. Ychwanegwch linellau gan gychwyn gyda'r geiriau

Mae byd y dychymyg yn llawn . . .

....
....
....

28

'Dwi ishe bod mewn band roc a rôl'

Cerddi ar y thema:
'Hamdden'

Mae chwaraeon yn llenwi llawer o'n horiau hamdden ac mae cadw'n heini ac ystwyth yn bwysig yng ngolwg y rhan fwyaf ohonom. Ond dydi pawb ddim mor frwdfrydig â'i gilydd, wrth gwrs. Gall ymarfer corff olygu tro bach i'r parc neu rwyfo ar draws cefnfor yr Iwerydd! Eto, nid y corff yn unig sy'n cael ei ymarfer ym myd chwaraeon. Bydd hyfforddwyr da yn dweud bod rhaid inni feddwl wrth chwarae unrhyw gêm, yn arbennig felly os ydym yn rhan o dîm. Mae geiriau hefyd yn chwarae eu rhan ym myd y campau.

Fedrwch chi feddwl am enghreifftiau o adegau pan fydd geiriau yn bwysig mewn gêm? Dyma restr ichi. Ceisiwch ychwanegu ati:

– geiriau technegol e.e. symudiadau, enwau safleoedd, rheolau

– geiriau i alw ar eich gilydd ac i annog a chanmol y naill a'r llall

– geiriau gan y dorf sy'n dathlu neu'n siomedig

– geiriau'r hyfforddwr a'r capten, wrth sôn am dactegau

– geiriau dros yr uchelseinydd yn cyhoeddi beth sy'n digwydd ar y maes

– geiriau'r sylwebyddion ar y radio a'r teledu

– geiriau'r newyddiadurwyr yn y papurau newyddion

Tybed a wnaeth unrhyw un feddwl am eiriau'r bardd? Mae llawer o feirdd wedi dangos diddordeb mawr mewn chwaraeon ac mae hynny'n amlwg yn eu cerddi. Mae gobaith a siom, dewrder a phenderfyniad, crefft a disgleirdeb yn amlwg iawn yn y byd hwnnw ac mae beirdd yn hoff o foli pethau felly. Darllenwch y gerdd hon a luniodd criw o ddisgyblion ysgol mewn gweithdy barddoniaeth:

Cais Mark Taylor
(yn erbyn Siapan, 9 Hydref '99)

Daw'r bêl o'r awyr i gesail Craig
sy'n troi ei gefn fel wal castell
ar wŷr Siapan,
mor gadarn â choncrid y stadiwm ei hun.

Mae capten Cymru'n cipio'r bêl.
Mae'n crymanu heibio'r blaenasgellwr.
Fel jet, mae'n gwibio i lawr yr asgell dde,
hanner y cae heb law ar ei grys.

Yn y diwedd mae'n taro'r ddaear.
Ddaw hi'n ôl? Mae'r blaenwyr yn tyrchu…
Allan â hi!

Mae olwyr y ddraig yn ei thrafod
fel cerddorion mewn cerddorfa,
nes y daw i ddwylo'r cefnwr.

Llwynog mewn crys coch yw Howarth.
Ar lwybr igam-ogam,
gan daflu'i law i wyneb asgellwr Siapan,
mae'n dawnsio dawns y glocsen
dros y dwy ar hugain.
Cynnig y bêl i Bateman
ac yna chwipio'n ôl yn sydyn
i lwybr y canolwr.

Hwnnw'n clirio gweddill y cae fel combein.
Croesi'r llinell.
Disgyn ar y bêl fel sach datws.
Y dyrfa ar ei thraed! Ogi! Ogi! Ogi!

Ysgol Capel Garmon

Sylwebaeth ar gais mewn gêm rygbi yw'r gerdd. Ond mae'n defnyddio iaith a geiriau mewn ffordd arbennig iawn.

1. Mae popeth yn digwydd y funud hon. Perthyn i'r presennol y mae'r gerdd. Mae'r dosbarth yn gweld y cyfan yn fyw ac yn disgrifio'r symudiadau.

2. Mae nifer o eiriau technegol sy'n perthyn i'r gêm yn y gerdd. Fedrwch chi gynnig enghreifftiau o hyn?

3. Edrychwch ar hyd y brawddegau – mae rhai yn hir ac araf; eraill yn fyr ac yn gyflym. A fedrwch gynnig esboniad pam mae'r dosbarth wedi amrywio'r brawddegau yn y fath fodd?

4. Mae llawer o luniau yn y disgrifiad. Mae sawl ffordd o baentio llun gyda geiriau:

   a) drwy gymhariaeth, gan ddefnyddio fel neu mor . . . â;

   b) drwy ddefnyddio berf gref sy'n deffro'r dychymyg;

   c) drwy ddefnyddio ansoddair.

Chwiliwch am enghreifftiau trawiadol.

5. Ceisiwch feddwl am ffyrdd trawiadol o greu lluniau sy'n darlunio'r canlynol:

   a) cic nerthol
   b) rhediad cyflym
   c) gwthio'n benderfynol
   ch) daliad da

6. Edrychwch ar fideo o symudiad llwyddiannus mewn unrhyw gêm a cheisiwch greu sylwebaeth farddonol, llawn lluniau fel yr enghraifft uchod gan blant Ysgol Capel Garmon. Mae enghreifftiau o gerddi tebyg gan blant yn y bennod sy'n dilyn hon.

* * *

'Lleufer dyn yw llyfr da'
(wrth agor llyfrgell newydd yn Ysgol Rhyd y Grug, Cwm Taf)

Na, fedri di ddim rhoi dau
Ar fympar dy gar
A disgwyl gweld dy ffordd adref
Ar hyd nos y col-tar.

Na, fedri di ddim rhoi un hir
Ym Mwmbwls neu Hong Kong
A disgwyl iddo fflachio
Ei rybudd ar long.

Fedri di mo'i sgriwio i soced
Na'i ffitio i lamp;
'Wnaiff o ddim dangos dy garafán iti
Ar noson damp.

Mewn toriad ar y trydan
Tydi o fawr o gop
Ac mae mynd i weld pwll glo efo un
Yn dipyn o fflop.

Tydi llythrennau ei deitl
Ddim yn neon yn y nen
A does ynddo 'run ddalen
Sy'n fflworesent wen,

Ond eto, cyn i'r sêr
Syrthio i gysgu i gyd,
Rhwng dau glawr o ddisgleirdeb,
Gwyn fy myd.

Myrddin ap Dafydd

GAIR AM AIR
Lleufer - hen air am oleuni

Golwg ar y gerdd

1. Hen ddihareb Gymraeg yw teitl y gerdd. Gwirionedd wedi'i ddweud mewn llinell fer yw dihareb ac yn aml iawn mae'n defnyddio llun arbennig i egluro'r gwirionedd hwnnw. Ystyr y ddihareb hon yw 'Goleuni i bobol yw llyfr da'. Chwiliwch am ddiarhebion Cymraeg eraill sy'n cynnwys lluniau yn eu geiriau.

2. Ym mhenillion 1, 2, 3, 4 a 5 y gerdd, mae ystyr amlwg y ddihareb yn cael ei ddefnyddio. Darllenwch y penillion hyn eto a thrafodwch beth yw'r 'ystyr amlwg'.

3. Yn y pennill olaf, mae'r bardd o'r diwedd yn dod at y llun sydd yn y ddihareb. Mae'r llun yn golygu rhywbeth arall, yn golygu mwy na'r ystyr amlwg. Trafodwch sut y gall llyfr roi 'goleuni' i ddarllenwyr.

4. Ceisiwch lunio llinellau tebyg sy'n
   a) edrych ar y llun amlwg
   b) dod at wir ystyr y llun wrth ystyried y ddihareb:
   'Gwyn y gwêl y frân ei chyw'.

Breuddwyd Roc-a-Rôl

Dwi ishe chware yn y band,
Dwi ishe byw mewn gwesty crand;
Codi'n hwyr a blasu'r mwg,
Bod yng nghwmni'r merched drwg.

Hapus wrth fy hun mewn breuddwyd roc a rôl,
Y gair yn dal i guro er bod neb ar ôl.

Dwi ishe bod mewn band roc a rôl
A chael y dorf i 'ngalw i 'nôl,
Dwi ishe bod mewn band roc a rôl
Rhyw ddydd.

Be' sy'n bod ar dyfu'n hen?
Be' sy'n bod ar fod yn glên?
Dwi ddim ishe gwisgo'n flêr,
Dwi am fod yn un o'r sêr.

Cael fy llun yn yr *N.M.E.*,
Prynu Gibson '53;
Cael llythyron wrth y fil,
Bod ar *Twndish* bob dydd Sul.

Edward H. Dafis

GAIR AM AIR
N.M.E. - *New Musical Express*, cylchgrawn roc a rôl
Gibson '53 - gitâr glasurol roc a rôl
Twndish - enw rhaglen roc Gymraeg yn ystod y 1970au

1. Mae breuddwydio am fod mewn grŵp canu cyfoes yn rhywbeth naturiol i'r rhan fwyaf o ieuenctid pob oes. Pwy yw eich arwyr chi ym myd canu roc a rôl heddiw? Ysgrifennwch ychydig linellau am eich hoff gantorion a'ch hoff ganeuon.

2. Cân gan Edward H. Dafis, grŵp roc a rôl Cymraeg o'r 1970au yw hon. Pa linellau sy'n sôn am y pethau da y mae'n breuddwydio fyddai'n digwydd pe câi gyfle i 'chware yn y band'?

3. Mae 'hapus wrth fy hun' a 'neb ar ôl' yn awgrymu mai actio'i freuddwyd ar lwyfan gwag y dychymyg y mae. Ydi breuddwydio am wneud rhywbeth yn well na chael y cyfle go iawn weithiau? Ysgrifennwch chydig o linellau sy'n sôn am y pethau annymunol a allai fod yn rhan o'ch bywyd pe baech 'mewn band roc a rôl'.

Rownderi

Hon yw'r gêm orau a gaf
Ac i mi'r pleser mwyaf
Yw cychwyn â chlec uchel –
Twrw'r bat yn taro'r bêl.

Fy nal cyn sgorio 'stalwm
Fu hwyl plant, a'r bat fel plwm;
Anelu'n gam fu'r helynt,
Taro gwael fu taro'r gwynt!

Ond eleni, chwyrlïo
'Mhell uwch tîm a llechi to'r
Ysgol mae'r belen, – 'leni
Yr wyf yn gapten o fri.

Emrys Roberts

1. Darllenwch y gerdd hon yn uchel gan glecian y llythrennau mewn llinellau fel 'twrw'r bat yn taro'r bêl' a 'taro gwael fu taro'r gwynt'. Fedrwch chi feddwl pam mae sŵn cryf fel hyn yn gymorth mewn darn o farddoniaeth am 'rownderi'?

2. Mae'r ail bennill yn disgrifio'r methiant cyn llwyddo i feistroli'r gêm. Rhestrwch y pethau aflwyddiannus oedd yn arfer digwydd "stalwm".

3. Meddyliwch am gêm arall y byddwch yn ei mwynhau. Rhestrwch y pethau anffodus a arferai ddigwydd ichi cyn ichi ddysgu'r grefft o'i chwarae.

Syn-ema

Pan es i weld *Twister* ddes i allan fel y gwynt.
Pan es i weld *Speed* ddes i allan yn gynt.
Roedd y byd i gyd yn ddiarth ar ôl gwylio
        Aliens tri.
Fues i'n bwyta mwd o'r buarth ar ôl *Babe,*
        do coeliwch fi.
Ond ar ôl gwylio'r *Little Mermaid* mae'n
     nhw'n dweud fy mod i'n granc,
Dwi'n eistedd yn y parlwr – efo'r pysgod yn
          y tanc.

Tony Llewelyn

1. Chwiliwch am enwau ffilmiau enwog yn y gerdd hon.
2. Mae'r gerdd ddoniol hon yn dweud bod pob ffilm wedi cael effaith arbennig ar y bardd. Sut mae pob effaith yn perthyn i'r ffilm a wyliodd?
3. Rhestrwch dair ffilm a welsoch yn ddiweddar. Ceisiwch greu llinellau ysgafn sy'n defnyddio teitl/testun y ffilmiau i sôn am effaith arbennig a gafodd arnoch ar ôl i chi ei gweld.

Y Gêm

Yr awyr las,
Y crysau coch
A'r closiau gwyn.
Mae'r gêm ar droed!

Cicio, cyffro,
Symud sydyn.
Neidio, nodio.
Chwiban, chwys.
Ymosod chwyrn.

Y dyrfa'n frwd tu ôl i'r gôl.
Y bêl yn tasgu
A'r gwynt yn ei chwipio
Ffordd hyn,
  ffordd draw.
Tair chwiban siarp.
Hanner amser.
Oren oer.

Chwiban fain –
I ffwrdd â ni
I lawr y cae fel mellten goch.
GÔL o'r diwedd
A llai na chwarter awr i fynd.
Y dyrfa'n rhuo,
Chwarae chwim,
Ymosod gwyllt.

Tair chwiban siarp.
  Amser llawn.

Un – dim
  UN – DIM!
I ni
  I NI!

Gwynne Williams

Y Gêm

1. Sylwch ar hyd y llinellau a'r brawddegau yn y gerdd hon. Sut y buasech yn eu disgrifio?
2. Pam, yn eich barn chi, mae'r bardd wedi defnyddio'r dull hwn o sgwennu i gyflwyno'r gêm inni?
3. Lluniwch restr o bob ansoddair yn y gerdd.
4. Lluniwch restr o bob berf yn y gerdd.
5. Lluniwch ddarn tebyg am ras nofio.

'Gwyyych! Waaaw! a Cŵŵŵl!'

Cerddi gan blant – darllenwch a mwynhewch

Y tro hwn, plant sydd wedi bod yn creu cerddi. Blynyddoedd 5 a 6 yn ysgolion y Ganllwyd, y Gaerwen, Caergybi, y Graig a Chorn Hir, Llangefni sydd wedi bod wrthi, gan ddilyn patrwm cerdd Capel Garmon yn yr uned flaenorol. Beth am i chithau roi cynnig ar waith tebyg?

Tennis bwrdd
Io-io;
Tic-toc;
Tap-tap morthwyl ar hoelen;
Swish-swish weipar car;
Ding-dong cloch y tŷ;
Clap-clap tyrfa'n y gêm.
Mae'r bêl yn mynd yn ôl a blaen
fel sleid trombôn,
fel car yn methu parcio,
fel pobol mewn parti.

Anelu cywrain i'r corneli
fel peilot yn glanio'i awyren,
fel heliwr yn saethu chwadan wyllt,
fel dringwr a'i gwmpawd
ar ben mynydd yn y niwl.
Mesur pob pêl yn ofalus
fel gosod papur wal,
fel cogydd yn paratoi teisen Nadolig,
mor daclus â llawysgrifen
o dan lygad y prifathro.

Yna, un Concord o ergyd,
cobra yn brathu'i sglyfath.
Pwynt i mi.
Gwyyyych!

Ysgol Esceifiog
Y Gaerwen

Sglefr-rowlio
Sut mae stopio?
Dwi'n dechrau gwneud y sblit
fel ebol newydd sbon.
Dwi'n woblio
fel meddwyn ar raff.
Dwi'n crynu fel pe bawn i
mewn rhewgell yn Alaska.

Mae gen i ofn mynd ar fy mhen i wal,
cleisio fy mhengliniau,
crafu fy mhenelin
a disgyn yn glep ar fy mhen-ôl.

Ond yn sydyn,
rwy'n neidr ar dywod,
yn bysgodyn aur yn troelli mewn powlen,
a chyn hir
rwy'n gleidar yn yr awyr las,
yn Limosîn ar darmac newydd.

I ffwrdd â ni!
Naid dros ramp.
Llyffanta, dolffinio, cangarŵio
Cŵŵŵl!

Blwyddyn 6
Ysgol Corn Hir, Llangefni

Rownderi

Disgwyl y bêl.
Mae'r bowliwr fel cawr
yn taflu comed heibio i'm clustiau.
Pêl arall,
Llwynog yw hon,
Mae'n taro'r bat a disgyn fel sbwng ar y cae.

Trydydd cynnig.
Clec fel canon.
Enfys o ergyd draw am Iwerddon.

Sgwarnogaf.
Cornelu'r pyst fel cheetah yn hela'r gwynt –
Sbidi-Gonsales y maes.
Tro handbrec ar y trydydd postyn
fel car rali Tŷ Croes.

Deg cam i fynd . . .
Mae'r ysgol i gyd yn bloeddio
'Tyrd yn dy flaen! Tyrd yn dy flaen!'
Mae'r bêl yn fy hela o'r awyr
fel tylluan ar ôl llygoden.

Heibio i'r postyn
Trwch croen coes pry pric.
Haleliwia!

Blwyddyn 5 a 6
Ysgol y Graig, Llangefni

Cais Jonah Lomu

(yn erbyn Lloegr, Cwpan y Byd 1999)

Mae'r Crysau Duon yn pasio'r bêl
o law i law fel aderyn gwyn.

Y cawr ar yr asgell chwith
sy'n ei derbyn yn y diwedd.

Mae'n gweld y drws yn gilagored o'i flaen
a chael cip ar yr awyr las
heibio cymylau o grysau gwyn.

Yamaha yn newid gêr.
Milgi a'i ben ôl ar dân.
Aradr eira yn chwalu'r plu.
Ei fraich fel braich JCB
yn taflu'r taclwyr
fel poteli Bowlio Deg i bob cyfeiriad.

Mae gweddill y tîm yn ei erlid
fel chwain yn dilyn cath

ond mae'r tarw du'n llwglyd am y llinell
fel teigr newynog ar ôl carw . . .

. . . ac mae'n croesi
Llwyddiant!

Gwaith Dosbarth Iau
Ysgol y Ganllwyd

Nofio

Daeargryn dan fy nhraed;
rwyf fel car yn cau tanio
neu beiriant golchi'n sbinio.

Rwy'n Wyddfa yn sownd wrth ochr pwll;
Dyn eira; cilbost giât.

Mentro i'r dŵr rhydd:
tasgu fel Coca cola wedi'i ysgwyd;
diferion ym mhobman
fel sbarcs greindar.

Yna, dechrau symud yn llyfn
fel sebon drwy ddwylo;
rwy'n awyren bapur, yn gudyll coch,
yn tonni fel gwallt môr forwyn
wedi'i shampŵio.
Mae fel sgwennu efo beiro Parker . . .

Parc chwarae yw'r pwll yn awr,
ffair hwyl; syrcas sbort.

Blwyddyn 5 a 6
Ysgol Llangybi, Eifionydd

Pa un yw eich hoff gerdd tybed? Mae'r rhain yn dilyn patrwm y gerdd sylwebaeth. Fedrwch chi feddwl am destunau eraill fyddai'n gweithio'n dda ar y patrwm hwn? Beth am roi cynnig ar un ohonynt?

Hoci Iâ

Armadilo ar fy mhen,
Ysgwyddau fel rheino,
Pengliniau fel reslar Swmo,
Sgidiau cyllyll yn barod i fwyta'r rhew
a dijeridŵ hudol yn fy llaw.

Sglefrio fel y gwynt,
hofran heibio i'r gelyn fel dillad ar lein,
gwneud tro cynffon mochyn
a nadreddu fel coil weiren ffôn.

Mae'r pŷc gan un ohonyn nhw.
Hwnnw'n cerdded mewn breuddwyd i bolyn lamp.
Clec fel croen yn cnocio'r tŷ i lawr.
Y gweddill yn ffraeo fel brain
am grystyn ar y bwrdd adar.

Pas sydyn.
Ymlaen fel pêl dân o'r gofod.
Y gôl yn agored.

Mellten o ergyd,
Seren wib heibio i'r gôl-geidwad
sy'n gweld dim ond tân gwyllt.

Wâââw!

Ysgol Gymraeg Morswyn
Caergybi

'Tri pheth sydd yn fy ngwylltio'

Triban Morgannwg

Mae mesur byr y Triban Morgannwg yn dal yn boblogaidd iawn yn y Gymraeg. Hen fesur gwerinol ydyw, llawer o'r tribannau'n cael eu cyfansoddi ar y pryd, mewn cwmni llawen, neu wrth weithio. Byddai rhai'n cael eu canu ar geinciau triban megis 'Ar y ffordd wrth fynd i Lunden'.

Mae'n fesur sionc a byddai'n cael ei ddefnyddio'n aml i ddweud rhywbeth ysgafn a digri a smala neu i dynnu coes. Gwrandewch ar hwn:

Mi welais ddwy lygoden
Yn cario pont Llangollen,
Round about o gylch y ddôl
Ac yn eu hôl drachefen.

Does dim byd o'i le ar dipyn bach o nonsens! Dyma un arall yn yr un cywair:

Mi welais bili-pala
Yn bildo Castell Crosha,
Cath a chwrcath Watcyn George
Yn gweithio *forge* Cyfarthfa.

Ond beth yw 'mesur'? Beth yw 'triban'? Gwyddoch i gyd beth yw pren mesur a gwyddoch sut i fesur llinellau ar bapur. Efallai eich bod wedi gweld saer yn mesur pren neu osodwyr carpedi yn mesur ystafell neu rywun yn 'cael ei fesur' ar gyfer ffrog neu siwt. Bob pen-blwydd, efallai eich bod yn mesur eich taldra er mwyn gweld faint rydych wedi'i dyfu mewn blwyddyn.

Wrth fesur siwt o ddillad, bydd gan y teiliwr batrwm i'w alluogi i weithio. Yn yr un modd, mae bardd yn defnyddio patrwm arbennig ar gyfer sgwennu pennill neu ddarn o farddoniaeth. Enw ar batrwm un math arbennig o farddoniaeth yw mesur. Enw ar un o'r mesurau traddodiadol sy'n perthyn i farddoniaeth Gymraeg yw triban.

Sut fath o fesur sydd i driban, felly? Gadewch inni edrych yn fanylach:

Tri pheth yr wyf yn leico,
Cael ambell hoe wrth weithio,
Tynnu mygyn ger y tân
A thatws mân i ginio.

Wrth astudio mesur, byddwn yn chwilio am bethau fel hyn:

* nifer y llinellau
* hyd pob llinell (drwy gyfri'r sillafau)
* patrwm odli

Llinellau
Gallwch weld, yn amlwg, mai pedair llinell sydd yn y mesur.

Sillafau
Curwch y sillafau gyda'ch bysedd wrth ddarllen y llinellau'n uchel. O'u cyfri, byddwch yn gweld bod saith sillaf ym mhob llinell (ond weithiau, fel y gwelwch yn nes ymlaen, bydd wyth sillaf yn y drydedd llinell):

Odli
llinell 1	–	leico
llinell 2	–	weithio
llinell 4	–	ginio

Mae'r tri gair yn diweddu gyda'r llafariad *o* ac yn odli.

Dyna batrwm odli mesur y triban felly. Ond gwrandewch ar y pennill yn uchel eto. A glywsoch chi odl arall yn canu yn eich clustiau? Ie, dyna hi:

Tynnu mygyn ger y tân
A thatws mân i ginio.

Odl rhwng diwedd llinell 3 a chanol llinell 4 yw hon, yn hytrach nag odl rhwng diwedd llinellau.

Patrwm Triban Morgannwg

Llinell	Trefn yr odl	Hyd y llinellau
1 Tri pheth yr wyf yn leico	a	7 sillaf
2 Cael ambell hoe wrth weithio,	a	7 sillaf
3 Tynnu mygyn ger y tân	b	7 neu 8 sillaf
4 A thatws mân i ginio	b a	7 sillaf

A dyna ni – dyna fesur y triban. Ond nid yw dysgu'r rheolau fawr o hwyl os na chewch gyfle i'w defnyddio. Meddyliwch am ddysgu rheolau gêm rygbi neu snwcer neu bêl-rwyd heb gael cyfle i chwarae'r gêmau hynny!

Fel gyda phob gêm, mae gwahanol ffyrdd o ganu yn perthyn i'r triban hefyd. Rydym eisoes wedi clywed rhai tribannau ysgafn a doniol. Roedd meddwl am dribannau yn ffordd o dreulio'r amser wrth wneud gwaith corfforol caled yn y pwll glo neu'r ffwrneisi haearn. Does dim enw awdur wrth y rhan fwyaf o'r hen dribannau am mai cael eu cyfansoddi ar lafar y bydden nhw. Yn aml iawn, byddai mwy nag un yn creu triban gyda'i gilydd. Efallai fod un glöwr wedi dweud wrth ei bartner ryw dro: 'Tri pheth sy'n dda gan goliar'. Dyna linell gyntaf triban. Efallai fod y partner ac eraill wedyn wedi gweithio gweddill y triban ar y cyd. Dyma'r pennill fel y mae wedi'i gadw i ni:

Tri pheth sy'n dda gan goliar
Yw mandral sharp bob amsar,
Cwart o gwrw w'th 'i big,
A chawl a chig i swpar.

Mae blas y pwll glo ar eiriau'r triban hwn. Roedd y glowyr yn defnyddio enwau o'u gwaith bob dydd yn y penillion. Beth yw ystyr 'coliar' a 'mandral'?

Mae dechrau triban gyda'r geiriau 'Tri pheth' yn un ffordd boblogaidd o ganu'r triban. Mae sawl enghraifft ar gael ac mae mwy yn cael eu creu o hyd. Dyma ragor o rai traddodiadol:

Tri pheth sydd dda gan halier,
Y whip a'i chrac bob amser,
Ceffyl cryf, i dynnu'r ddram
A gweiddi 'Dam!' mewn tymer.

Tri pheth ni saif yn llonydd,
Yw'r niwl ar ben y mynydd,
A malwoden mewn lle llwm,
A thafod Twm Felinydd.

Dyma ichi un diweddar ar yr hen batrwm:

Tri peth sydd yn fy ngwylltio:
Cocrotsian yn y colslo,
Gweld crachod lludw yn y car
A lindys ar fy Lego.

Beth am i chi geisio llunio tribannau ar y cyd gan ddewis syniad am linell gyntaf o blith y rhain:

Tri pheth sydd yn fy nhiclo

Tri pheth sy'n dda gan fabi

Tri pheth sy'n felyn, felyn

Gwaith llawer o'r llanciau ym Mro Morgannwg oedd aredig y tir ffrwythlon gyda gwedd o geffylau neu ychen. Meddyliwch am gerdded yn ôl ac ymlaen, yn ôl ac ymlaen ar hyd yr un cae am oriau. Beth fyddai'n mynd trwy'u meddyliau. Wel, falle eu bod yn sylwi ar leoedd o'u cwmpas a cheisio rhoi'r cyfan ar fesur triban. Beth am hwn:

Mi wela ffarm Glyncoli,
Glyn-moch ac Abergorci,
Y Tyle-coch, a'r Tyle-du
A thalcen tŷ Pengelli.

Mae llawer o dribannau ar gael yn dechrau gyda'r geiriau 'Mi wela'. Mae llawer yn cynnwys enwau lleoedd ac enwau pobl ynddynt. Ers talwm, byddai criwiau o lowyr yn cerdded i'r gwaith gyda'i gilydd. Mae'n ddigon posibl mai felly y daeth rhai o'r cyfresi hyn o dribannau at ei gilydd. Mae un yn nodi'r lleoedd mae'n eu gweld; mae'r ail yn holi cwestiwn a'r trydydd yn ateb. Sylwch ar y tribannau hyn:

Mi wela Ben Bwlch Garw,
Mi wela waun Croeserw,
Mi wela'r ferch sy arna'i chwant,
Mi wela Nantybedw.

Beth wnei di â Phen Bwlch Garw?
Beth wnei di â gwaun Croeserw?
Beth wnei di â'r ferch sy arnat chwant?
Beth wnei di â Nantybedw?

Caf lo ar Ben Bwlch Garw,
Caf ddŵr ar waun Croeserw,
Caf briodi'r ferch sydd arnaf chwant,
Caf fyw yn Nantybedw.

Mae'r geiriau ychydig yn wahanol yn y gyfres nesaf, ond yr un yw'r arddull. Astudiwch fap o'ch ardal a chwiliwch am enwau sy'n odli a cheisiwch lunio tribannau yn null y penillion hyn:

Fi wela Ynys Cynon,
Fi wela lan yr afon,
Fi wela bentra Aberdâr
Lle gora gâr fy nghalon.

Beth wnei di ag Ynys Cynon?
Beth wnei di â glan yr afon?
Beth wnei di â phentra Aberdâr
Lle gora gâr dy galon?

Caf laeth yn Ynys Cynon,
Caf ddŵr ar lan yr afon,
Caf gwrw gwych yn Aberdâr
O'r gora gâr fy nghalon.

Dyma ragor o benillion unigol.

Hen Ddafydd Morgan Lewis
A rapiodd din ei drywsus
Wrth blygu lawr i godi pin –
Yr oedd e'n dynn arswydus.

Mi welas ddyn a bachgan
Yn bildo pompren dderwan,
Ac wedi cwpla, yn y fan
Hi gwmpws ran i hunan.

Mae'r cilog coch yn cianu
Mae'n bryd i'r merched gwnnu,
Mae'r bachan bach yn mynd sha'r glo,
A'r fuwch a'r llo yn brefu.

Mae'n hyfryd yma heddi
Gan sŵn y gwcw'n canu,
A blodau hardd fel canol haf
Ar lennydd Taf yn tyfu.

Dyma un cyfoes gan Eirwyn George, bardd o sir Benfro, sy'n darlunio trasiedi damwain ar y môr. Fedrwch chi esbonio yn eich geiriau eich hun sut fath o ddamwain oedd hi?

Mae'r olew fel crafange
Yn gludio yn y creigie,
A mulfrain brych, glöynnau'r don,
Yn feirwon ar y traethe.

Eirwyn George

Ac i gloi, mwynhewch y tribannau newydd hyn am un o arwyr rygbi Seland Newydd.

Jonah Lomu

Tri pheth sy'n rhwydd ofnadw'
Yw gwlychu pan fo'n bwrw,
Gweld bod pump a phump yn ddeg
A rhedeg Jonah Lomu.

Tri pheth sy'n anodd stopio
Yw hylif saws tomato,
Athrawon blin rhag cadw sŵn
A Jonah Lomu'n rhuthro.

Tri chryfder Jonah Lomu
Yw penderfyniad tarw,
Dycnwch arth heb ildio dim
A rhedeg chwim fel carw.

Emyr Lewis

1 Ceisiwch feddwl am restrau o bethau eraill sydd yn:
    a) rhwydd
    b) yn anodd eu stopio
2. Os yw'r tarw yn benderfynol, yr arth yn ddi-ildio a'r carw yn chwim, pa nodweddion fuasech chi'n ei ddweud sy'n perthyn i'r creaduriaid hyn?
    a) mul
    b) llwynog
    c) eog
    ch) llew
3. Enwch dri pheth sy'n wan iawn.

Cyflwyno bardd: T. Llew Jones

Cyfarfod â T. Llew Jones

Cyn-brifathro yw T. Llew Jones ac mae ei gyfraniad i lenyddiaeth plant Cymru yn un arbennig iawn. Cyhoeddodd dros hanner cant o lyfrau, gyda llawer ohonynt yn straeon antur cyffrous – am longwyr a môr-ladron, am borthmyn a lladron pen-ffordd, am ysbrydion a thrysorau cudd, am geffylau a marchogion. Cyhoeddodd hefyd gyfrolau o gerddi i blant a bu llawer ohonynt yn boblogaidd iawn yn yr adrannau llefaru a cherdd dant yn Eisteddfod yr Urdd, yr Eisteddfod Genedlaethol a'r Ŵyl Gerdd Dant. Mae'n feistr ar grefft barddoni, yn brifardd wedi ennill dwy gadair Genedlaethol – yr unig un i wneud hynny ddwy flynedd yn olynol, yng Nglyn Ebwy 1958 a Chaernarfon 1959.

Ganwyd T. Llew Jones ar 11eg Hydref, 1915 ar ochr sir Gaerfyrddin i afon Teifi, ym mhentref bychan Pentre-cwrt. Roedd y teulu'n byw mewn tŷ to gwellt bryd hynny, gyda'i dad yn gweithio fel gwehydd yn y ffatri wlân ac o oedran cynnar iawn roedd gan T. Llew Jones ddiddordeb awchus mewn clywed a darllen straeon. Tyfodd i fod yn athro ei hun a'i bleser mawr oedd cael darllen penodau i'w ddosbarth wrth gyfansoddi ei lyfrau. Ar ben hynny, mae'n chwaraewr gwyddbwyll tan gamp. Bellach mae wedi ymddeol o fod yn brifathro yn Ysgol Coed-y-bryn, Llandysul ers blynyddoedd ac yn byw ym Mhontgarreg, ddim yn bell o Langrannog a'r môr a'r traeth.

Y Môr

Anifail newynog yw'r môr,
Rhyw fytheiad creulon, llwyd,
Sy'n noethi 'i ddannedd o hyd,
Wrth chwilio am fwyd.

Wrth hela ar hyd y traeth
Mae'n ymlid, ac yna'n troi;
Mae'n gafael yn esgyrn y graig
A'u llyfu a'u cnoi.

A phan gyfyd y gwynt yn storm
Cewch glywed sŵn ei sgrechfeydd,
Pan ruthra'n gynddeiriog, wyllt
Trwy'r hen ogofeydd.

Ond ar ddyddiau tawel yn Awst,
Pan ddaw'r ymwelwyr o bant,
Ci anwes diniwed yw'r môr,
Yn chwarae â'r plant.

GAIR AM AIR
bytheiad - ci mawr, peryglus sy'n cael ei ddefnyddio i hela

Deall a darganfod

1. Chwiliwch am *ansoddeiriau* (geiriau sy'n disgrifio) yn y gerdd sy'n dangos i ni sut un yw'r ci hela.
2. Mae dau fath o gi yn y gerdd hon – ci hela a chi anwes ac mae'r ddau fath o gi yn dangos y ddwy dymer sy'n perthyn i'r môr. Meddyliwch am anifeiliaid eraill fedr fod yn ddarlun
    – o'r môr gwyllt adeg storm
    – o'r môr tawel ar dywydd braf.
3. Mae 'bytheiad' a 'ci anwes' yn ddau beth hollol groes i'w gilydd a'r enw am hynny yw gwrthgyferbynnu. Pa anifail sy'n gwrthgyferbynnu pob un o'r canlynol?
    eliffant
    cheetah
    cath fach

Noson Tân Gwyllt

Blodau yn yr awyr
Â'u petalau tân,
A'r gwenyn o'u cwmpas
Yw'r gwreichion mân.

Ffynnon yn byrlymu
A'r dŵr o liw'r gwaed,
A bang! bang! ergydion
O gylch fy nhraed.

Rhoi'r hen ddyn yn barod
Uwch y pentwr dail,
Gweld y fflamau'n neidio
I fyny o'r sail.

Gwichian, gweiddi, sgrechian
Wrth weled y fflam
Yn llyfu'i ddillad carpiog
A'i hen gorff cam.

Sobri tipyn wedyn,
Ofni . . . a mynd yn fud,
Wrth weld y tân newynog
Yn ei fwyta i gyd.

Yna chwerthin eto,
A gweiddi'n groch
Wrth wylio hynt y roced
Â'i chynffon goch.

Fesul dau bennill

1. Pennill 1 a 2: Mae llawer o luniau sy'n cyfleu 'gwreichion mân y tân gwyllt' yn y ddau bennill cyntaf. Chwiliwch amdanyn nhw. Fedrwch chi gynnig rhagor o rai tebyg?

2. Pennill 3 a 4: Pwy yw'r 'hen ddyn'? Pam mae'n gwisgo 'dillad carpiog'?

3. Pennill 5 a 6: Mae teimlad gwahanol ar ddechrau pennill 5. Pam mae gweld y tân yn difa'r 'hen ddyn' yn sobri'r bardd a chodi ofn arno? Dychwelir at hwyl y noson yn y pennill olaf eto, ond mae dau ddarlun o dân yn aros yn y meddwl – tân fel sbort a thân fel perygl. Fedrwch chi feddwl am bethau eraill sy'n medru rhoi pleser ond sy'n medru troi i fod yn destun poen hefyd?

Y Lleidr Pen-ffordd

Ar ambell nos loer-olau
A'r gwynt yn nhwll y clo,
A sŵn moduron prysur
Yn ddistaw iawn ers tro,
Fe glywch ond ichi wrando
Sŵn ceffyl yn mynd heibio
Dros heol fawr y fro.

A phwy yw'r marchog hwnnw
Sy'n mynd mor hwyr y nos
Dros lawer nant ac afon
A thros y waun a'r rhos?
Wel, Twm Siôn Cati 'i hunan
Â'i glogyn du yn hofran
O dan y lleuad dlos.

Mae'n aros ar y groesffordd
Yn nghysgod coed y Plas;
Fe rydd ei law ar bistol
A thyn ei gleddyf glas.
Ac yno mae'n clustfeinio,
Am sŵn coets fawr Llandeilo
Yn mynd trwy'r cwm ar ras.

Tu ôl i'r coed hynafol
Mae'r Plas yn adfail llwm,
Rhy bell yw'r Sgweiar heno
I ofni castiau Twm.
Ac ni ddaw coets Llandeilo
Â charnau'r meirch yn fflachio
Byth mwy i fyny'r cwm.

Carlama'r ceffyl ymaith
Â'r marchog ar ei gefn,
Mae sŵn y carnau'n darfod
Ar lawr y briffordd lefn.
Ond gwn, ond ichi wrando
Ar ambell nos fel heno, –
Y clywch chi'r sŵn drachefn.

1. Mae straeon a chymeriadau hanesyddol, fel y gwyddoch, yn agos at galon T. Llew Jones. Yn y gerdd hon, mae'n ymgolli cymaint yn yr hanes nes bod ddoe a heddiw yn mynd yn un ac un o gymeriadau ddoe yn fyw iawn heddiw! Mae'r ddau amser wedi'u plethu drwy'i gilydd. Lluniwch ddwy restr o bethau yn y gerdd – un rhestr o'r hyn sy'n perthyn i'r noson hon a rhestr arall o'r hyn sy'n perthyn i'r hen, hen hanes.

Heddiw	Ddoe

2. Chi yw Twm Siôn Cati. Rydych ar y groesffordd yn yr hen ddyddiau – beth am actio'r olygfa pan ddaw 'coets Llandeilo' heibio. Yna, trefnwch ail olygfa pan fydd Twm Siôn Cati yn cyfarfod â lorri *Scania* fawr ar y groesffordd yn ystod ein dyddiau ni.

Cyfweliad â T. Llew Jones

Mae ceffylau yn amlwg iawn yn eich straeon – ac yn y gerdd 'Y Lleidr Pen-ffordd'. Fu gennych chi gysylltiad agos â cheffylau?

Dim ond â cheffylau fferm. Roedd gan fy nhad-cu ddau geffyl gwedd – Bowler a Derbi – ac nid oedd dim yn rhoi mwy o fwynhad i mi na chael mynd adref ar gefn Bowler ar ddiwedd y dydd pan fyddai'r aredig ar ben. (Hen gaseg mwy drwg ei thymer oedd Derbi!) Ond roeddwn yn gweld ceffylau sipsiwn a cheffylau prydferth y Sgweier a'i ffrindiau pan fyddai hela llwynogod hefyd. Roedd ceffylau ym mhobman. Gweld car oedd y rhyfeddod!

Pa anifeiliaid eraill rydych chi'n hoff ohonynt?

Cathod a chŵn (un gath ac un ci yn arbennig). Cafodd y ddau eu lladd yn ddamweiniol – y ci wrth redeg ar ôl cwningen a'r gath gan gar ar y ffordd. Bûm yn rhyw ofni cadw ci na chath byth ers hynny.

Rydych yn hoff o hen gyfnod y goets fawr a'r llongau hwyliau hefyd mae'n amlwg. Pa straeon sydd wedi eich denu at y cyfnod hwnnw?

Mae hen bethau'n apelio ataf fi. Rwy'n meddwl bod llawer mwy o ramant mewn teithio mewn coets fawr â phedwar ceffyl nag mewn bws, er bod yr olaf yn llawer mwy esmwyth. Roedd teithio mewn coets slawer dydd yn llawn cyffro, â chorn y gard yn canu a sŵn chwip y gyrrwr yn clecian. Yna'r ceffylau'n carlamu drwy strydoedd ac ar hyd heolydd cul a charegog. Mae llyfrau Charles Dickens yn sôn am y coetsis, a llawer o lyfrau eraill yr oeddwn i wedi eu darllen.

Dyna'r hen longau hwyliau wedyn. Pan ddaeth y llongau stêm, fe aeth rhamant hwylio'r moroedd i ben.

Hanes oedd fy hoff bwnc yn yr ysgol.

Mae llawer o ddewrder yn perthyn i gymeriadau eich straeon, ond nid ydych yn swil o ddangos ofn chwaith. Mae nifer o'ch cerddi yn sôn am sŵn yn y nos – ydi'r nos yn codi ofn arnoch?

Roeddwn i'n unig blentyn ac yn blentyn unig – nes oeddwn i'n ddeg oed – pan aned fy mrawd, Edwin. Oherwydd hynny, byddwn yn gorfod cysgu mewn stafell wely ar fy mhen fy hun ac yn aml iawn byddai'n rhaid i mi fynd a dod wrthyf fy hunan bach ar lawer noson dywyll. Oedd, yr oedd ofn y nos arnaf fi. Rhaid i chi gofio nad oedd golau trydan yn goleuo pob man bryd hynny.

Rydych chi'n amlwg yn hoff o gwmni plant – plant a phobl ifanc yw llawer o arwyr eich llyfrau ac er mwyn plant rydych chi wedi sgwennu y rhan fwyaf o'ch gwaith. Oes gennych chi stori neu ddwy sy'n dangos beth sy'n eich denu at blant?
Mae'n well gen i gwmni plant na phobl mewn oed. Mae plant yn fwy onest na phobl mewn oed, fynychaf . . .

Beth yw eich cyngor i blentyn sy'n hoff o sgwennu?
Fy nghyngor i blentyn sy'n hoffi sgwennu – yw i ddarllen a darllen llawer o lyfrau awduron eraill yn gyntaf. Trwy hynny bydd yn dysgu llawer o eiriau newydd a sut i'w defnyddio'n iawn ac yn gelfydd. Rhaid i bob un sy'n sgrifennu gael stôr fawr o eiriau yn ei ben, i'w defnyddio i adeiladu brawddegau, paragraffau a phenodau. Mae'r saer maen neu'r adeiladydd yn defnyddio cerrig a brics i adeiladu tŷ. Geiriau yw'r brics a'r cerrig a ddefnyddia'r un sy'n sgrifennu. Galwodd Dic Jones y gallu i farddoni, 'Yr hen grefft drin geiriau hon'. Dyna yw sgrifennu creadigol o bob math, rwy'n meddwl – ymarfer y grefft o drin geiriau – i lunio stori fer neu nofel, ysgrif neu ddarn o farddoniaeth – a fydd mor dda nes y bydd pawb am ddarllen y gwaith.

Soniwch am y gerdd 'Distawrwydd'. Ydi'r profiad o ddistawrwydd yn un mwy arswydus na'r profiad o sŵn yn y nos?
Mae ofn y nos yn y gân, 'Distawrwydd'. Ofn sŵn traed a sŵn drysau'n cau, sŵn car a sŵn cŵn yn cyfarth, ond sŵn cyfarwydd yw pob un ohonynt. Yna, a hithau wedi mynd yn hwyr iawn, mae pob sŵn yn darfod a does dim ar ôl ond y tywyllwch a'r DISTAWRWYDD. Mae'r distawrwydd yn ddieithr, yn llawn dirgelwch. Beth sy'n mynd ymlaen yn y distawrwydd llethol hwn? Pan oeddwn i'n methu cysgu slawer dydd, fe fyddai arnaf weithiau fwy o ofn y distawrwydd nag unrhyw sŵn yn y nos.

Distawrwydd

Sŵn traed yn dringo'r grisiau,
Sŵn drysau'r llofft yn cau,
Ac ar y ffordd tu allan,
Sŵn car yn ymbellhau.

Yna dim sŵn o gwbl
Ond sŵn rhyw gyfarth gwan
Fan draw wrth odre'r mynydd
Yn awr ac yn y man.

Wedyn distawrwydd llethol,
Heb eco pell y cŵn,
Minnau'n fy ngwely'n ofni –
Yn ofni'r nos ddi-sŵn.

Deall a dychmygu

1. Mae patrwm pendant i'r sŵn a glyw y bardd yn ei wely. Llenwch y blychau yn y tabl hwn gan enwi'r sŵn bob tro:
2. Mae'n rhaid bod y gwahanol synau hyn yn rhoi cysur i'r bardd yn nhywyllwch y nos. Fedrwch chi awgrymu pam hynny? Pam mae distawrwydd llethol yn codi ofn arno felly?
3. Meddyliwch am restr o bethau sy'n gwneud sŵn yn y nos fyddai'n aflonyddu arnoch yn hytrach na'ch cysuro. Peidiwch â bod ofn mynd dros ben llestri!

sŵn yn nesáu	
sŵn agos	
sŵn yn pellhau	
sŵn yn y pellter	

Y Fedwen

I lawr yng nghwm Cerdin
Un bore braf, gwyn,
A Mawrth yn troi'n Ebrill
A'r ŵyn ar y bryn;
Ni welais un goeden (ni welaf, rwy'n siŵr)
Mor fyw ac mor effro,
Mor hardd yn blaguro,
Â'r fedwen fach honno yn ymyl y dŵr.

A'r haf yng nghwm Cerdin
Fel arfer ar dro,
A'r adar yn canu
A nythu'n y fro,
Ni welais un goeden (ni welaf, rwy'n siŵr)
Mor llawn o lawenydd,
A'i gwyrddail mor newydd,
Â'r fedwen aflonydd yn ymyl y dŵr.

A'r hydre'n aeddfedu
Yr eirin a'r cnau,
A'r nos yn barugo
A'r dydd yn byrhau,
Ni welais un goeden (ni welaf, rwy'n siŵr)
Mor dawel a lliwgar
A'i heurwisg mor llachar,
Â'r fedwen fach hawddgar yn ymyl y dŵr.

A'r gaea' 'mro Cerdin
A'r meysydd yn llwm,
A'r rhewynt yn rhuo
Drwy'r coed yn y cwm,
Ni welais un goeden (ni welaf, rwy'n siŵr)
Er chwilio drwy'r hollfyd, –
Mor noeth ac mor rhynllyd
Â'r fedwen ddifywyd yn ymyl y dŵr.

GAIR AM AIR
barugo - llwydrewi, rhewi'r gwlith i greu barrug
hawddgar - hoffus
rhynllyd - oer

Sylwi yn fanylach

1. Mae patrwm pendant i bob un o'r pedwar pennill yn y gerdd hon. Ceisiwch ddarganfod y patrwm sydd ym mhob pennill drwy sylwi ym mha linellau y ceir:

disgrifiad o dymor arbennig a'r hyn sydd i'w weld yng nghwm Cerdin;

cyfeirio at y goeden, yr un llinell bob tro;

disgrifiad o'r goeden mewn tymor arbennig yn cael ei hailadrodd yr un fath bob tro, ac eithrio un ansoddair.

2. Tynnwch bedwar llun, un o bob tymor, o'r fedwen fach yn ymyl y dŵr gan sgrifennu llinellau 6 – 7 o benillion 1-3, a llinell 7 o bennill 4, o dan bob un.

'Hen wraig yn pluo gwyddau'

Tynnu lluniau o'r tywydd gyda geiriau

'CLEC!'

Glywsoch chi hi?

Yn sydyn – fflach loyw yn rhwygo'r awyr dywyll.

Mae'n storm o fellt a tharanau ac rydan ninnau yn ei chanol hi. Mae pawb yn teimlo ychydig bach yn ofnus – er ein bod ni'n mwynhau cael ein dychryn gan y twrw a'r golau hefyd! Beth wnawn ni i gadw'n meddyliau yn brysur?

Beth am ddyfalu?

Un ystyr i ddyfalu yw rhoi gés, gesio. Mae'r ystyr arall yn debyg iawn hefyd ond ei fod yn perthyn i farddoniaeth. Ers mil a llawer mwy o flynyddoedd, mae beirdd yn gweld rhywbeth ac yna'n ceisio meddwl am rywbeth tebyg iddo. Edrych ar un peth a rhoi gés pa lun welan nhw ynddo.

Mellten arall.

Dyfalwch beth sy'n debyg i fellten?

Fflach goleudy ar ben draw'r graig . . .
Golau car yn y nos . . .
Lamp bugail ar y mynydd . . .
Bylb yn chwythu . . .
Golau disgo . . .
CLEC!

Ceisiwch dynnu lluniau o'r daran.

Tarw'n rhuo . . .
Drymiau roc-a-rôl . . .

Beth arall? Cymharu un peth gyda rhywbeth arall yw'r gamp wrth greu lluniau mewn barddoniaeth.

Weithiau byddwn yn defnyddio'r gair 'fel' – i gysylltu'r ddau ddarlun:

Taran *fel* tarw'n rhuo.
Mellten *fel* golau disgo.

Dau lun wedi'u gosod wrth ochr ei gilydd, a'r naill beth *fel* y llall – mae enw arbennig ar hynny, sef *cymhariaeth*. Mae nifer o gymariaethau yn y gerdd hon sy'n disgrifio tywydd garw ar y môr:

Storm ar y Môr

Bore

Sefais ar glogwyn ger y dŵr,
a'r môr yn llonydd fel llyn llefrith.
Teimlais wefr, a'r cyffro'n torri ar asgwrn
      fy nghefn
fel pluen ar rasal.
Gwelais gwch hwylio yn llithro dros y gwydr
fel hances bapur ar ddarn o Lego.
Hoffwn fod yn forwr.
Hoffwn fod ar fwrdd y cwch bach,
a chael neidio dros yr ochr yn fy shorts,
a nofio gyda'r pysgod.

Gwelais forfil dur yn ymlwybro'n drwm
      tua'r gorwel –
â thunelli fil o olew fel triog yn ei fol.
Teimlais grawcio'r gwylanod uwch fy mhen,
yn ffraeo a throelli a ffraeo a throelli.

Prynhawn

Sefais ar glogwyn ger y dŵr,
a'r môr yn rychau fel cae aredig,
yn chwipio a chwipio
a phob ton yn ceisio dal yr un o'i blaen
a'i bwrw fel llofrudd.
Gwelais y morfil dur yn eistedd ar y gorwel,
a'i fol tew yn troi o'r naill ochr i'r llall,
yn araf a thrwm,
fel petai ar bendil hen gloc mawr, mawr.
Edrychais am y cwch bach,
ei ganfod nawr a'i golli wedyn
fel petai ar ddarn o elastig tenau.

Nos

Sefais ar glogwyn ger y dŵr,
a'r môr fel cath fawr ddu
yn cyrlio'n dorch dan gesail y lleuad,
ac yn llyfu ei dolur.

Carys Jones

Chwilio a chanfod – gwaith llafar

1. Chwiliwch am bob 'fel' sydd yn y gerdd hon a'u tanlinellu, neu eu hadrodd yn uchel.
2. Ystyriwch bob un a thrafodwch beth welodd y bardd yn debyg rhwng y ddau lun ym mhob cymhariaeth.
3. Yn rhan gyntaf ac ail ran y gerdd, mae sôn am y 'morfil dur'. Mae'n drwm ar y gorwel, a'i fol tew yn rowlio o'r naill ochr i'r llall. Beth yw hwnnw yn eich barn chi?

Mynd ati eich hunain – gwaith ysgrifennu

1. Meddyliwch am sawl cymhariaeth i gwblhau'r rhestr ganlynol ac yna ysgrifennwch yr un sy'n eich plesio orau:
   a) môr llonydd fel –
   b) hwyl wen fel –
   c) tonnau gwyllt fel –
   ch) gwylanod yn ffraeo fel –
   d) cwch bach ar y môr mawr fel –

* * *

Mae llawer o bosau yn defnyddio cymhariaeth neu lun i brocio'r dychymyg. Ystyriwch y rhigwm hwn:

> Gweirglodd las, lydan,
> A'i llond hi o wartheg penchwiban;
> Tarw penwyn yn y canol,
> A'r bugail aur yn eu troi nhw allan.

> **GAIR AM AIR**
> *gweirglodd* - cae, dôl
> *penchwiban* - ysgafala, dibryder

Deall y darlun

1. Beth yw ystyr 'gweirglodd'?
2. Mae'r ansoddair 'glas' yn un cyfoethog iawn yn y Gymraeg – mae'n golygu'r lliw sydd mewn dail a glaswellt, ond hefyd glas y môr ar dywydd braf. Beth arall sy'n las?
3. O ble mae'r tarw a'r gwartheg yn cael eu troi allan gan y 'bugail aur'?

Dehongli'r darlun

Yr awyr yw'r 'weirglodd, las lydan'.
Y sêr yw'r 'gwartheg penchwiban'.
Y lleuad yw'r 'tarw penwyn'.
Beth, felly, yw'r 'bugail aur' sy'n eu gyrru i gyd i ffwrdd a phryd mae hynny'n digwydd?

Creu darlun

Yn y rhigwm hwn, mae pedwar llun – un ym mhob llinell – ond mae'r cyfan yn perthyn i'w gilydd a chreu un darlun mawr yn y diwedd.

Dyma bedwar peth arall sy'n perthyn i'w gilydd:
   ystafell ddosbarth
   criw o blant wrth eu byrddau
   athro/athrawes o'u blaenau
   cloch yn canu i'w rhyddhau at amser
                              chwarae

Oes modd meddwl am bedwar darn jig-so arall sy'n perthyn i'w gilydd fyddai'n creu pôs o'r darlun hwnnw?
   Dyma gynnig arni:

> Pot o fêl, melyn
> A'i lond o bryfed bach prysur,
> Clamp o wenynen yn y canol
> Tap ar y caead a'u gollwng allan.

Beth am i chi ddynwared y dull yma a chreu llinellau i ddarlunio:

> Derwen fawr, ganghennog
> Dail mân ar bob cangen
> Mes ar flaenau'r brigau
> Yr hydref yn dod a'r dail a'r mes yn disgyn.

* * *

Dyma bôs arall:

> Beth sy'n mynd i Lunden
> A gadael plufyn ar bob coeden?

Yr ateb yw cawod eira. Mae pluen yn drosiad o eira. Mae hwnnw'n un addas iawn gan fod pluen yn aml yn wen ac mae'n ysgafn dros ben. Mae dweud ei bod yn 'pluo eira' yn hytrach na 'bwrw eira' yn ddywediad cyffredin – ond dywediad barddonol yw, serch hynny. Dyma gwpled arall am gawod eira:

> Hen wraig yn pluo gwyddau,
> Daw yn fuan ddyddiau'r gwyliau.

Y Nadolig, Gŵyl San Steffan, y Calan a'r Ystwyll yw 'dyddiau'r gwyliau' – sef prif wyliau'r gaeaf. Yr hyn sydd yn y cwpled hwn yw rhywun yn gweld ei bod yn bwrw eira (y llun yw 'pluo gwyddau') ac mae'n sylweddoli bod hynny'n arwydd bod y Nadolig ar y gorwel. Mae'n llun addas iawn o gofio bod gwyddau yn cael eu paratoi ar gyfer gwledd y Nadolig yr un pryd!

Y patrwm yw:

Llinell 1:   Llun o'r tywydd
Llinell 2:   Digwyddiad/achlysur sy'n
cael ei gysylltu â'r tywydd hwnnw

Dyma greu cwpled ar yr un patrwm:

Dan y bont mae platiau gwynion
Plant yn sglefrio ar yr afon.

Y trosiad yn llinell 1 yw gweld y rhew ar y
dŵr fel platiau gwynion ac ar dywydd
rhewllyd, bydd plant yn sglefrio.
    Ceisiwch lunio cwpledi yn dilyn yr un
patrwm i ddyfalu'r lluniau hyn:

Tasg A
Llinell 1   Llun o haul mawr melyn yn yr awyr
Llinell 2   Sbectol haul ar flaen ein trwynau
             neu
             Hufen ia yn toddi'n sydyn
             neu
             Dillad cotwm a sombrero

Tasg B
Llinell 1   Llun o bridd yn cracio oherwydd
                                  diffyg glaw
Llinell 2   Rhywbeth i gyfleu effaith sychder

* * *

Weithiau, mae modd taro ar un llun a rhoi
mwy a mwy o luniau bach i lenwi'r darlun.
Er enghraifft, beth petaem ni'n gweld
cenllysg/cesair fel peli golff. Sut mae
ymestyn y darlun? Dyma roi cynnig arni:

cenllysg/cesair	peli golff
dod i lawr o'r awyr	cael eu clybio o'r cymylau
dawnsio ar lawr	bownsio ar y ddaear las
mwy nag un ar y tro	fel mewn maes ymarfer ergydio peli golff
clecian ar do sinc	taro ambell gar yn y maes parcio
brifo croen yr wyneb	sgorio twll mewn un yn y glust

Gellir rhoi'r darluniau at ei gilydd i greu
cerdd fel hyn:

Cenllysg
Un chwithig wrth chwarae golff
yw Chwefror.

Mae'n clybio ei beli'n wyllt o'r cymylau,
yn chwifio'r haearn uwch ei ben
ac anfon bwledi gwynion
i ddrybowdian hyd y ddaear.

Mae'n rhaid fod ganddo docyn bargen
yn y maes ymarfer ergydio,
can pêl yr eiliad yw ei nod
a'r pwyslais ar gyflymder,
nid cywirdeb.

Bydd rhai yn bownsio'n drwstfawr
ar ben ceir yn y maes parcio;
eraill yn ceisio'u gorau
i chwalu ffenestri
a llawer yn plopian mewn byncar a llyn.
Ond drwy ryw ddawn ddirgel,
bydd yn llwyddo bob tro
i sgorio yn fy nghlust, dwll mewn un.

Myrddin ap Dafydd

Dilyn y patrwm

Ceisiwch chithau ddatblygu llun i bara drwy'r gerdd fel hyn. Meddyliwch am destun, chwiliwch am luniau ac yna gweithiwch ar ymestyn y rheiny i'w pen draw.

Testunau posib: barrug; haul a chymylau; gwynt mewn coedwig; glaw taranau; enfys.

* * *

Niwl

Sleifia'r lleidr
Ar ddistaw droed
Heibio'r cloddiau,
Heibio'r coed.

Stelcian, loetran
Ger y ffos,
Anweledig
Yn y nos.

Yn cyfrwys gipio'r
Cwm i gyd,
Llechwraidd un
Yn dwyn y byd.

A dim ond olion
Bysedd llaith
Yn dweud mai lleidr
Fu ar waith.

Zohrah Evans

Craffu'n nes

Yn ôl y teitl, disgrifio 'niwl' y mae'r gerdd hon, ond eto mae llinellau yn darlunio lleidr. Mae niwl yn disgyn ar y wlad yn dwyn y byd, y cloddiau a'r coed a'r cwm i gyd oddi wrthym – yn union fel y mae lleidr wrth ei waith.

Ewch drwy bob llinell o'r gerdd a rhestrwch y geiriau sy'n perthyn i fyd lleidr. Wrth ddefnyddio cymaint o eiriau o'r fath, mae'r bardd yn pwysleisio mor debyg yw'r niwl i leidr ac mae'r darlun yn gryfach ac yn gliriach bob gafael. Dyma gychwyn ichi:

sleifia
lleidr
distaw droed
stelcian

. . . . . .

'Hyd blaen ei gynffon'

Haicw

Llun sydyn

Pan fydd arlunwyr yn mynd ar daith, byddant yn cario llyfr sgetsho gyda nhw a phan fydd rhywbeth yn dal eu llygaid, byddant yn gwneud llun sydyn yn hwnnw. Mae hwnnw wedi'i ddal ar bapur wedi hynny ac yno i weithio arno ar ôl mynd yn ôl i'r stiwdio.

Mae beirdd yn gweithio yr un fath. Mae'n ymarfer da i chithau gydio ynddo.

Fel cam cyntaf, edrychwch drwy'r ffenest. Edrychwch yn ofalus gan ddewis rhywbeth sy'n bwysig i chi. Fframiwch yr olygfa yn y meddwl, yn union fel petaech chi'n edrych drwy ffenest gefn camera. Oes angen swmio yn nes at rhywbeth? Os oes, gwnewch hynny. Canolbwyntiwch arno.

Dewiswch a sylwch ar y manylion pwysig – y rhai sy'n creu'r llun.

Dewiswch y geiriau gorau i ddisgrifio'r llun. Ysgrifennwch bedair llinell i greu'r darlun. Yna, ewch yn ôl at eich desg a cheisio ei drosi yn haicw.

Gellwch ddefnyddio'r dull 'llun sydyn' i gynorthwyo'r llygad a'r cof ar daith gerdded, ar drip ysgol, ar ymweliad â thref neu safle arbennig. Mae'n gymorth mawr i sylwi a chofnodi natur y tywydd, y tymor, effaith nos a dydd a lliw a symudiad.

Y Mesur

Cerdd fer yw haicw. Mae'n gerdd sydd wedi tyfu yn rhan o grefft y bardd yn Siapan ond erbyn hyn mae beirdd mewn llawer iawn o ieithoedd dros y byd yn defnyddio'r mesur. Mae'n dilyn patrwm arbennig. Mae iddo dair llinell gyda nifer pendant o sillafau ym mhob un:

Màe llàfn ò eǹfỳs	5
yǹ llàchàr àrỳ gòrwèl	7
àc yǹ chwàlù'r glàw.	5

Patrwm y sillafau yw 5, 7, 5. Mae'r nod uwch pob sillaf. Mae sillaf mewn gair fel un curiad mewn cerddoriaeth. Gellwch ymarfer cyfri sillafau drwy ddweud eich enw yn uchel a thapio a chyfri'r sillafau:

Pèrèdùr Siòn I'fàn;   Èlèn Mòrgàn

Yn awr, darllenwch yr haicw cyntaf unwaith eto gan gyfri'r sillafau ym mhob llinell.

Ewch ymlaen at yr ail haicw gan dapio'r sillafau a'u cyfri unwaith eto:

Gwè prỳ còp glòyẁ,	5
aǹàdlù cyṁỳlàu i'â;	7
bòre rhèwllŷd, gwỳn.	5

Nid yw'r sillafau wedi'u nodi na'u cyfri yn yr haicw nesaf. Darllenwch y pennill yn uchel, yna ei gopïo i'ch llyfr gan farcio a nodi rhif y sillafau:

Cath yn ymestyn,
sleifio'n llyfn i ardd y nos:
crynwch, lygod bach!

HAICW O SIAPAN

Mae'r haicw yn fesur hen iawn a chan ei fod mor fyr, mae modd ei gyfansoddi yn y meddwl a'i gofio heb gymorth papur. Pan fyddai beirdd Siapan yn teithio o gwmpas y wlad ac yn gweld rhywbeth oedd yn eu taro neu yn eu synnu, byddent yn canolbwyntio'r meddwl ac yn dal y darlun mewn pennill o haicw.

Canolbwyntio ar un testun y mae pob haicw, gan geisio mynd i mewn yn ddyfn i'r testun hwnnw. Os mai darlunio coeden y mae'r bardd, mae'n ceisio rhoi ei hun yn rhisgl y goeden a cheisio teimlo yr hyn mae hi'n ei deimlo. Ychydig o sillafau sydd ganddo i chwarae â nhw ac felly mae'n rhaid iddo ddewis ei eiriau'n ofalus.

Eto, er mai llun gydag ychydig o linellau ydyw – fel llun pen ac inc – mae'n gallu dweud llawer mwy nag y buasai rhywun yn meddwl sy'n bosibl gyda chyn lleied o eiriau. Mae'r haicw yn dal yr eiliad ac yn mynd i mewn i ysbryd y darn. Dyma ychydig gyfieithiadau o'r Siapanaeg.

Daw cwmwl weithiau
i roi gorffwys i ddynion
rhag gwylio'r lleuad.

Matsuo Basho

Glaw mân y gwanwyn
ac mae popeth yn tyfu
yn dlysach o hyd.

Chiyo – Ni

Gallwn dy fwyta!
– yr eira hwn sy'n disgyn
mor feddal, feddal.

Kobayashi Issa

Y gnocell styfnig . . .
mae'n dal i daro hyd nos
yn yr un un lle.

Kobayashi Issa

Cyfarfod â ffrind
mae dy wyneb yn gloywi:
ti wedi cael aur!

Kassia

HAICW CYMRAEG

Glaw ar ywen
Ywen y bore
cyn dywylled â Thachwedd,
lawn o ddagrau'r nos.

Y ddeilen grin gyntaf
Un ddeilen felen
yn croesawu Awst, a'i chwymp
yw diwedd yr haf.

Gwanwyn yn y mynydd
Ar ei phen ei hun,
yn dathlu gwanwyn y cwm
y mae un ddraenen.

Fy nghi
Yn llygaid fy nghi,
mae ei ffyddlondeb i'w weld
hyd blaen ei gynffon.

Yr afon ar ôl storm
Mor ysgafn yw'r glaw:
mae'r afon, wrth gario'i llwyth,
yn mynd ar garlam.

Haicw am Haicw
Cerdd ar dair llinell:
pum sillaf, ac yna saith,
pump i gloi; dim odl.

Mae'r llinellau hyn ar fesur haicw yn crynhoi'r rheolau o safbwynt nifer y sillafau. Gellir ychwanegu rhai nodweddion eraill sy'n gymorth i ddisgrifio'r hyn sy'n digwydd yn y mesur:

1. Mae'r haicw, fel arfer, yn dewis testun o fyd natur, y tymor a'r tywydd. Bron iawn nad yw'n enghraifft o rywbeth y byddwch yn ei roi mewn dyddiadur er mwyn cofio am le ac amser arbennig. Erbyn heddiw, mae modd creu haicw am unrhyw beth y byddwn yn sylwi arno – o fewn y dref a byd pobol yn ogystal. Mae modd creu haicw am bob testun dan wyneb haul.
2. Mae'r llinell olaf fel arfer yn diweddu gydag enw.
3. Mae'r llinell olaf fel arfer yn ychwanegu rhyw gynffon dawel neu syniad chwareus sy'n deffro meddwl y darllenydd.
4. Mae'r haicw yn gerddi byr, meddylgar. Maent weithiau ychydig yn drist a thawel ond yn medru bod yn ffraeth a llawn egni hefyd.

CREU HAICW

Ceisiwch ddynwared mesur yr haicw i greu rhai eich hunain. Pan fyddwch wedi cwblhau nifer ohonynt, efallai y buasech yn hoffi tynnu lluniau i gyd-fynd â nhw a'u rhoi ar wal y stafell ddosbarth neu mewn cyfrol.

Dyma gymorth i chi drwy gynnig llinell gyntaf. Ceisiwch weld y darlun yn eich meddwl. Ceisiwch ddwyn i gof eich profiadau yn y wlad, ar lan y môr ac yn y dref.

1. Alarch yn nofio

....

....

2. Lleuad yn y nos

....

....

3. Daw eira'r gaeaf

....

....

4. Ci ar stryd y dref

....

....

5. Bore o Ebrill

   ....

   ....

6. Moel a llwm yw'r tir

   ....

   ....

7. Mae'r dydd yn byrhau

   ....

   ....

8. Chwerthin yn y parc

   ....

   ....

9. Mae'r niwl yn feddal

   ....

   ....

10. Heulwen ar y car

   ....

   ....

Mae modd creu cyfres o haicw ar destunau'n perthyn i'w gilydd e.e. haicw i bob tymor ac yna haicw i bob math o destunau sy'n perthyn i'r gwahanol dymhorau.

Syniadau eraill am gyfresi haicw:

misoedd y flwyddyn
dyddiadur gwyliau
detholiad o flodau gwylltion
strydoedd mewn tref

Mae'n syniad da rhoi teitl i bob haicw rydych yn ei greu.

YMESTYN

Bod yn gryno

Yn yr uned hon, rydym wedi dysgu bod rhaid

* dewis testun
* canolbwyntio
* dethol geiriau
* crynhoi

Gallwn sgwennu haicw a rhoi sglein arno mewn amser eithaf byr ond mae'n ddull da o gyflwyno meddyliau a dysgu bod yn gryno. Mae posib gwneud heb eiriau fel 'y' a 'mae' ac 'a' weithiau. Eto, er mor syml yw'r dweud, mae'r llinellau yn medru awgrymu rhyw ystyr ddyfnach. Ystyriwch yr haicw hwn:

Bore rhewllyd
Glanhau fy ffenest
i roi sglein ar wynebau
y plant ar y stryd.

Ar y lefel syml, y cwbl sydd yma yw rhywun yn glanhau ffenest sydd wedi niwlio ar dywydd oer er mwyn gweld yr olygfa'n gliriach. Ond mae awgrym pellach yma – mae'n glanhau'r ffenest er mwyn gweld plant allan yn chwarae. Pam tybed? A yw gweld plant allan yn chwarae yn codi'i galon? A yw'n rhoi sglein ar ei wyneb o? Beth feddyliwch chi? Dychmygwch resymau dros hynny.

Dail yn disgyn
Brathiad yr hydref
yn rhwygo'r dail o'r brigau
ar y lôn o 'mlaen.

Golygfa hydrefol sydd yma, ond eto mae awgrym o fwy na hynny. Awgrym o ddiwedd blwyddyn a diwedd cylchdro natur efallai – beth feddyliwch chi? Pam mae'r bardd yn tynnu sylw at y lôn sydd o'i flaen? Mae dail yr hydref ar y lôn o'i flaen ond a oes awgrym o rywbeth arall wrth weld y dail?

Ewch yn ôl at weddill yr haicw yn yr uned hon a thrafodwch pa feddyliau pellach a gewch wrth ddarllen y llinellau.

'CH sydd am chwerthin'

Lluniau mewn llythrennau

Mae i bob llythyren ei sŵn a'i siâp ei hun ac mae hynny yn medru ychwanegu at ddarn o farddoniaeth, yn union fel mae pob lliw gwahanol yn ychwanegu at y grefft o dynnu llun. Mae rhai llythrennau'n gras a chaled. Fedrwch chi enwi rhai? Mae eraill yn dawel a meddal? Pa rai sy'n perthyn i'r dosbarth hwnnw?

Weithiau, mae'r wyddor gyfan yn medru rhoi siâp i gerdd gyfan. Dyma hen gân werin draddodiadol Gymraeg sy'n defnyddio pob llythyren yn yr wyddor. Os oes yma eiriau dieithr, defnyddiwch eiriadur i chwilio am eu hystyron.

A am yr alarch, aderyn tra od,
B am y biogen, y benlon a'r bod,
C am y cigfran, y futraf o'r brain,
Ac CH am y chwiad, y chwilod a'r chwain:

D, y dylluan â'i dau lygad llym,
DD am y ddaear sy'n crogi ar ddim,
E sydd am Emwnt ac Edward ac Er
Ac F am y fronwen a'i chlust fechan fer.

FF am y ffeiffer, y ffidler a'r ffon,
G am y gradell a'r gacen wen, gron,
NG am fy nghefnder, gŵr hynod ei ddull
Ac H sydd am Harri a'i frawd Huwcyn hyll.

I sydd am Ismael ac Ithel din-dew
L sydd am Lucy a'i chwaer Lowri Lew,
LL am y llyffant, y lleuen a'r llo
Ac M am y mochyn a mul Mal y Go':

N sydd am Nansi y lodes fwyn lân,
O sydd am odlau ac odyn ar dân,
P, publicanod, derbynwyr y dreth,
Ac PH – p ac h yn sbelio'r un peth:

R sydd am Rondol, a gododd ei fys,
S sydd am Siani ddaeth ato'n ei chrys,
T am y tarw a'r teigar tra blin
Ac TH sydd am Thimbo, ci coch yn ei din:

U sydd am urddo Glynceiriog yn fardd,
W am Wil Weflog, gŵr heglog, anhardd,
Y am yr ysbryd roth raw yn nhin Gwen
Yr ysgub a'r ysgol a'r ywen, Amen.

Dyma gerdd ddiweddar sy'n defnyddio'r un syniad. Darllenwch hi ac yna beth am i chithau fel dosbarth geisio creu cerdd debyg ar y cyd?

Fy llythrennau i . . .

A sydd am Addo i gadw fy ngair;
B am Blaguro fel menyg Mair;
C sydd am Caru fy ffrindiau i gyd;
CH sydd am CHwerthin a chwerthin o hyd;
D sydd am Diolch am bopeth sydd gen i;
DD am y DDaear sy'n werthfawr i mi;
E am fy Enw a gefais gan Mam;
F am y Fandal sy'n greulon a cham;
FF sydd am FFyddlon er weithiau mor ddrud;
G sydd am Gafael fy llaw yn y stryd;
NG am fy NGeiriau a'u cadw nhw'n lân;
H sydd am Heulwen yn llosgi fel tân;
I sydd am Iawn a chyfiawn a rhydd;
J am y Jôc pan fydd Dadi yn brudd;
L sydd am Locsyn ar wyneb Tad-cu;
LL am y LLeuad ar noswaith ddu;
M sydd am Meddwl cyn symud ymlaen;
N sydd am Newydd sydd heb fod o'r blaen;
O am Ochneidiau plant trist ar y sgrîn;
P sydd am Pobl o bob lliw a llun;
R am y Ruban ar anrheg i mi;
RH er mwyn RHannu â phawb yn y tŷ;
S sydd am Syndod ar harddwch y rhos;
T sydd am Teulu o'm cwmpas drwy'r nos;
TH am y THema i ganu fy nghân;
U am Unigedd yr oriau mân;
W sydd am Wyneb a dagrau a gwên;
Y am Yfory pan fyddaf yn hen.

Carys Jones

Mae'r ddwy gerdd gyntaf yn rhedeg yn llyfn a chan eu bod yn dilyn trefn yr wyddor, mae'n hawdd cofio'r llinellau. Ond weithiau, bydd llawer o'r un llythrennau'n dilyn ei gilydd a gall hynny beri trafferth inni wrth geisio'u llefaru. 'Clymau tafod' yw'r enw ar y rheiny. Dyma un enghraifft ichi:

Dicwm, dacwm,
Tair troed ffwrwm,
Mi euthum i'r cwm,
Mi gefais godwm;
Ni welais erioed
Na chwm na choed
Na choed na chwm
Na chawswn i godwm.

Ystyr 'ffwrwm' yw mainc neu stôl a'r awgrym yn y llinell 'Tair troed ffwrwm' yw bod gan rywun goesau chwithig fel coesau stôl. Darn i'w ddweud wrth weld rhywun afrosgo a thrwsgl yn baglu yw hwn. Mae'n ddarn clyfar iawn sy'n llawn odl ac ailadrodd geiriau – a hefyd ailadrodd llythrennau. Ewch drwy'r darn a gwnewch nodyn o ba lythrennau sy'n cael eu hailadrodd, neu – i ddefnyddio un gair sy'n golygu hynny – cyflythrennu.

Ydych chi'n gwybod am glymau tafod eraill? Fedrwch chi greu un frawddeg sy'n anodd i'w dweud yn gyflym dair gwaith ar ôl ei gilydd? Dyma ichi ddwy enghraifft i roi cychwyn ichi:

Mil mul melyn mawr yn ymyl y môr

Bore da! Bara a dŵr bery'r dydd.

Mae papurau newydd yn hoff iawn o greu penawdau bachog i ddal sylw'r darllenydd. Yn aml, byddant yn defnyddio cyflythrennu i greu pennawd diddorol. Dyma ichi enghraifft o bennawd a stori o'r fath:

BEICIWR BUDUR Y BALA

Aeth beiciwr ar ei ben i bwll hwyaid mwdlyd ddydd Sadwrn diwethaf a bu raid galw'r frigâd dân i dynnu ei feic o'r dyfnderoedd du. Digwyddodd y ddamwain ar gornel gas yn ystod ras feicio flynyddol o gwmpas Llyn Tegid. Collodd Huw Humphreys, Sgubor Sgid, Llanlleidiog reolaeth ar ei feic wrth ddod i lawr Allt yr Adar.

Chwiliwch am enghreifftiau eraill o gyflythrennu yn y stori ei hun. Ceisiwch lunio tair brawddeg o stori sy'n dilyn y penawdau hyn mewn papurau newydd:

MILGI'N MAGU MORLO

HELEN MEWN HELYNT WRTH HWYLIO

TRAFFERTH GYDA'R TROWSUS

Yna, trowch at bapur newydd. Dewiswch stori fer a cheisiwch lunio pennawd newydd – un sy'n cyflythrennu – ar gyfer y stori honno.

Mae 'ch' yn gytsain galed iawn ac mae hefyd yn cyfleu'r sŵn y bydd chwyrnwr yn ei wneud yn ei gwsg. Darllenwch y gerdd nesaf yn uchel gan bwysleisio pob 'ch' yn y darn.

Gysgodd pawb yn iawn?

(y llinell gyntaf i'w hynganu wrth anadlu i mewn)
Ych… ach… och… ech… ch… ch… ch

Och! Mae'n dechrau drachefn?
Mae'r twrch yn rhoi rhoch:
Un chwyrn a chaled a chras
A chwerw a chroch.

Mae'n ymdrochi 'mhob chwistrelliad,
Yn chwennych pob chwa
O awyr, a chipio i'w ochr o
Pob dracht a wna.

(i'w ynganu wrth anadlu allan)
Chy… cha… cho… che… e… e… e

Mae'n walch, mae'n writgoch, mae'n drychfil,
A'i glochdar yn uwch,
Yn sychach o hyd, yn groes
Rhwng porchell a buwch,
A chroes rhwng pesychiad a chlochdar,
Rhwng chwrligwgan a lli,
Rhwng brechdan echdoe a chwadan
A chlocsen a chi . . .

Ch… ch… ch… ch…

Chwalwr tawelwch yn deilchion
Chwe awr o soch
A chwarae ych-a-pych-a-
Mochyn-coch.

Yna, gyda'r wawr, mae'i wên
Dros ei wyneb llawn:
'Bore da! Bore gwych!
Gysgodd pawb yn iawn?'

Myrddin ap Dafydd

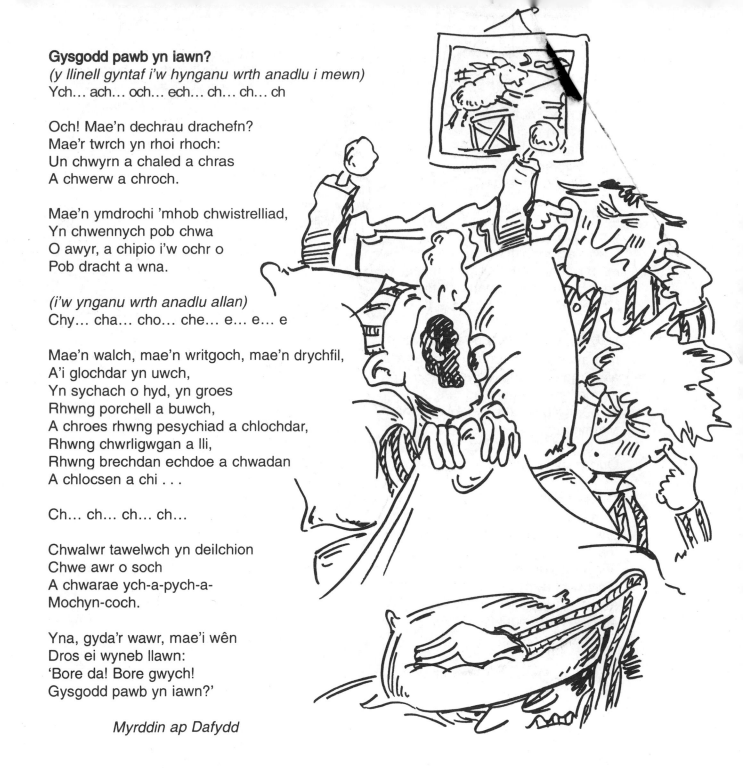

A glywsoch chi sŵn y chwyrnwr yn y llinellau hynny sy'n disgrifio'r cysgwr yn y nos? Beth yw'r gwahaniaeth sydd i'w glywed yn y llinellau olaf sy'n darlunio'r chwyrnwr yn y bore?

Mae'r gerdd nesaf yn defnyddio sŵn gwahanol, ond eto mae cyflythrennu yn bwysig iddi gyfleu ei neges. Pan fydd babi bach yn bwyta ac yn hoff o'i fwyd, pa sŵn fydd o neu hi yn ei ynganu? Ie, dyna chi – 'Mmmm!', sŵn hyfryd sy'n golygu bwyd wrth ein bodd yw hwnnw. Beth yw'r oglau da yn y gegin? Mmmm! Mwynhewch y gerdd nesaf drwy ei darllen yn uchel yn ogystal.

Mefus a'r fon
(mm...)

Ymhle mae Mehefin?
Ymhle'n tin-droi
a minnau â 'mherfedd yn fy mrathu
wrth aros amdano,
Mehefin, fis y mefus?

Mefusen,
ym moch fy maban,
yn y machlud ym Medi,
mil mwynach na meillion y maes
na molawd mwyalchen min hwyr . . .
Mmmm . . .

Rwy'n mwydro yn fy mreuddwydion,
mor anodd yw maddau i'r melfed meddal
a'i gymalau o sug melys
a'r mellt mân yn ei asid main
fel barrug ben bore ym mlagur Mai . . .
Mmmmmmm . . .

Ond ymhle mae Mehefin?

O'r diwedd!
Dan fy mraich o'r marchnadoedd,
drwy'r mymryn o wlith o'r ardd,
mae fy mhantri a 'mhleser yn llawn;
rwy'n mwydo 'nhu mewn,
ymlanwaf â miliynau
nes bod fy mol fel morlo
ac rwy'n mewian eisiau mwy . . .
Mmmmmmmmmm . . .

Rwy'n mwynhau fy mwrdd haf,
meddwyn y ffrwythau meddal,
ond beth wnaf pan ddaw Gorffennaf
a 'mharadwys yn 'madael . . . ?

MAFON!
Mmmmmmm . . .

Myrddin ap Dafydd

Ceisiwch feddwl am wahanol lythrennau a pha ystyr arbennig fedrwch chi eu cysylltu â'u sŵn. Ceisiwch ddychmygu sut fath o gymeriad neu anifail fyddai'n defnyddio pa lythyren. Mewn cerdd am beth y byddai llawer o sŵn un llythyren arbennig yn helpu i greu'r llun. Rhowch gynnig ar sgwennu cerdd fer o'r fath.

Dro arall, mae llythrennau yn creu geiriau cyfan sy'n dynwared sŵn. Darllenwch y gerdd nesaf a rhestrwch y geiriau sy'n dynwared y sŵn sydd ynddi.

I Lawr
Drip Drop
Glaw ar ben y mynydd . . .

Trip Trap
rhedeg i lawr y llethr . . .

Igam Ogam
o amgylch y meini . . .

Fflip Fflop
baglu dros y cerrig . . .

Hwrli Chwrli
troi y gornel . . .

Fflic Fflac
i mewn i'r ffos . . .

Linc-di-lonc
at waelod yr ardd . . .

Stop
tu allan i'n tŷ ni.
Rhaid bod ein tŷ ni ar waelod y byd!

Carys Jones

Ceisiwch ganfod neu greu rhagor o eiriau sy'n cyfleu sŵn. Defnyddiwch batrwm y gerdd 'I Lawr' gan ychwanegu ail linell sy'n disgrifio'r hyn sy'n digwydd yn y sŵn. Efallai y bydd patrwm yn ymddangos yn eich llinellau ac y cewch eich synnu o ganfod ble maen nhw'n eich arwain yn y diwedd!

'Dim ond seren wib'

Cerddi ar y thema:
'Y Gofod'

Mae pawb ohonom yn syllu ar y sêr o dro i dro. Mae rhyfeddod y gofod a'r pellterau sy'n cael eu mesur mewn blynyddoedd goleuni yn ein tynnu a'n codi oddi ar yr hen ddaear fach hon. Dyna braf fuasai gwybod mwy, gweld mwy, teithio ymhellach . . . Ers cyn cof, mae pobl pob oes wedi bod yn ofodwyr yn eu calonnau. Mwynhewch y gerdd hon am deithio'r gofod:

Gofodyn Jones ap Llŷr
Draw ymhell tu hwnt i'r awyr
Fry uwchben y seren wen,
Mewn gwlad hud, y mae'r gofodwr
Â bowlen wydr am ei ben.

Enw'r boi mewn siwt o arian
Sydd ynghlwm wrth biben hir
Ac yn symud fel malwoden,
Yw Gofodyn Jones ap Llŷr.

I Gofodyn does dim cysgu,
Golau'r haul sy 'nghynn drwy'r dydd;
Ond tu ôl i ambell blaned
Mae 'na gilfach dywyll gudd.

Yn ei long, fe all Gofodyn
Rasio'n wyllt rhwng sêr y ne';
Mynd o Fawrth ymlaen at Fercher
A galw'n Iau cyn amser te.

A draw tu hwnt i'r gofod yma
Mae 'na ofod arall mawr,
I Gofodyn y gofodwr
Lle go fach yw'n byd ni nawr!

Dyfrig Davies

1. Pam mae'r gofodwr yn 'symud fel malwoden'?
2. Pam mae golau'r haul ynghynn drwy'r amser yn y gofod?
3. Pa linellau eraill sy'n awgrymu nad yw ein syniad ni o amser yma ar y ddaear ddim yr un fath ag amser yn y gofod mawr?
4. Ysgrifennwch ychydig linellau sy'n dechrau gyda'r geiriau
    'Yn y gofod y tu draw i'r gofod yma . . .

Y lleuad yw'r berthynas agosaf atom yn y gofod. Mae'r pleser o'i chanfod yn 'newydd', a sylwi arni'n llenwi yn rhan o ddifyrrwch syllu ar y sêr. A phan fydd yn llawn, bydd yn tywallt ei holl olau benthyg drwy nos y byd fel . . . Fel beth, dywedwch? Pa bethau gwyn y gallasai'r lleuad fod yn eu gollwng ar gaeau, ar geir, ar ffyrdd, ar fynyddoedd y ddaear pan fydd hi'n llawn. Ydi hi fel gwlad dan eira, fel gwely o blu, fel cwmwl ar y ddaear? Darllenwch y gerdd nesaf i ganfod llun o'r lleuad lawn.

Llong laeth

Ar y mynydd,
ar y mawn,
llaeth yn llifo
o'r lleuad lawn;
llaeth ar y creigiau,
llaeth ar y rhos,
lleuad arian
yn llenwi'r nos.

Gwyliwn hi'n gollwng
ei llaeth yn lli,
hwyliau enwyn
arni hi;
gwylio, hwylio
dyna a wnawn,
yn llawn o'r lleuad,
a'r lleuad yn llawn.

Myrddin ap Dafydd

Lluniwch restr o bethau gwyn o bob math. Os mai llong yn gollwng llaeth yw'r lleuad yn y gerdd, beth ddychmygwch chi yw'r lleuad sy'n gollwng y gwahanol wynder sydd ar eich rhestr chi?

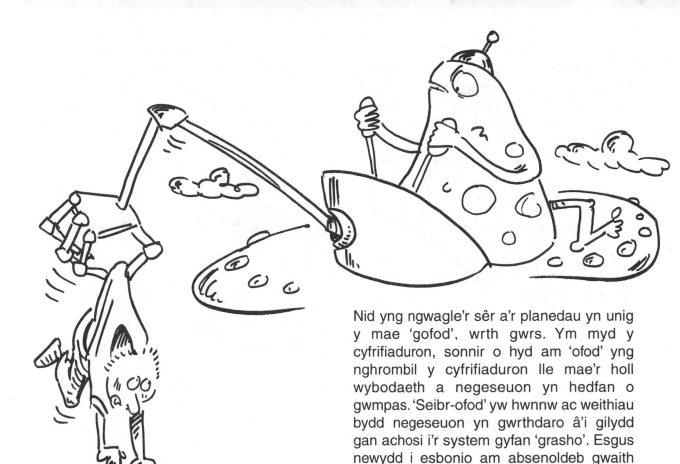

Nid yng ngwagle'r sêr a'r planedau yn unig y mae 'gofod', wrth gwrs. Ym myd y cyfrifiaduron, sonnir o hyd am 'ofod' yng nghrombil y cyfrifiaduron lle mae'r holl wybodaeth a negeseuon yn hedfan o gwmpas. 'Seibr-ofod' yw hwnnw ac weithiau bydd negeseuon yn gwrthdaro â'i gilydd gan achosi i'r system gyfan 'grasho'. Esgus newydd i esbonio am absenoldeb gwaith cartref, yn ôl y gerdd nesaf!

U.F.O.

Pa mor bell 'di'r lleuad, Mam?
Does gen i ddim syniad, Sam.
Pam na wela i'r sêr yn glir?
O, paid holi gymaint, wir.
Pam mae haul yn llosgi croen?
Taw, Sam bach; O! rwyt ti'n boen.
MAM – mae roced fawr gerllaw.
Sam, rwy'n darllen, taw o taw!
MAM – mae'r drws yn agor nawr.
Sam – os rhof i'r llyfr i lawr . . .
MAM – mae dyn bach gwyrdd ei liw . . .
Sam! rwy'n gwylltio, dos o 'nghlyw.
MA . . . . AM!!! – mae'n cerdded at tŷ ni,
Dos i chwarae Sam, da thi!

Ond wrth roi ei llyfr i lawr,
Clywodd Mam sŵn rhuo mawr,
Sŵn fel rhuthr gwyntoedd cry
Yn gwibio 'mhell uwchben y tŷ.

Valmai Williams

1. Pam mae rhai llinellau yn y gerdd mewn print gwahanol – print italig?
2. Eglurwch yr hyn sy'n digwydd ym mhedair llinell olaf y gerdd?
3. Oes gennych chi stori am soser hedegog? Nawr fedrwch chi ddychmygu un? Adroddwch hi wrth weddill y dosbarth.

Seibr ofod

'Mae 'ngwaith cartref i
ar goll
yn Seibr Ofod,
Syr.'

Dim esgusion diniwed mwyach:
dan y gath,
ddim wrth wely
y rhiant â'r haint,
ddim wrth arhosfan bws
yn chwifio yn y corwynt,
ddim wedi ei gipio
gan Ffantom-gipiwr Gwaith Cartref.

Ond bellach
mae'n cael taith anturus
am ddim
o amgylch
y We –

Awê!

Aled Lewis Evans

Mae rhestr dda o esgusodion dros fethu cyflwyno gwaith cartref mewn pryd yn y gerdd. Chwiliwch amdanynt ac yna ceisiwch ddychmygu rhagor o esgusodion rhyfeddol pam mae'r gwaith cartref ar goll.

Mae'r gair 'seren' yn cael ei ddefnyddio am unrhyw un sy'n disgleirio: ar feysydd chwaraeon, ar lwyfan canu roc, ar ffilm, ar deledu. Pobl lwyddiannus iawn yw'r rhain – am gyfnod. Ond yn aml, bydd sêr newydd yn codi yn yr awyr ac ni fydd sôn am yr hen rai yn fuan iawn. Darllenwch yr hen bennill hwn:

> Pan fo seren yn rhagori
> Fe fydd pawb â'i olwg arni;
> Pan ddêl unwaith gwmwl drosti,
> Ni fydd mwy o sôn amdani.

Ai sôn am seren ar noson glir yn unig y mae'r pennill bach hwn? Fedrwch chi adrodd hanesion am sêr sydd wedi diflannu y tu ôl i gymylau? Ewch ymlaen i ddarllen y gerdd olaf.

Seren wib
> Y fi yw llam y llygad,
> Y fi yw'r traed ar ras,
> Y fi yw'r dringwr uchel
> Sy'n dal i glywed ias.
>
> Y fi yw fflach yr arian,
> Y fi yw'r perlau mân,
> Y fi yw'r goelcerth olau
> A'r ddawns ar daith o dân.
>
> Y fi yw fflam y gannwyll
> Sy'n croesi dros y grib,
> Y fi yw'r freuddwyd lachar:
> Dim ond seren wib.

Myrddin ap Dafydd

Beth yw'r gwahaniaeth rhwng seren wib a seren gyffredin? A oes gwahaniaeth yn hyd eu hoes yn ogystal? Mae ambell olau, ambell dân yn gryf a llewyrchus – pa luniau sy'n dangos y seren fel rhywbeth pwerus, parhaol? Pa luniau sy'n awgrymu mai gwendid sy'n perthyn i seren wib yn y diwedd?

Llyfryddiaeth

'Tydi sosej ddim yn sybmarîn'

'Picnic', Tony Llewelyn — *Chwarae Plant*, Gwasg Carreg Gwalch
'Y Picnic', Geraint Løvgreen — *Holl Stwff Geraint Løvgreen*, Gwasg Carreg Gwalch
'Dw i eisiau da-da!', Lis Jones — *Brechdana banana a gwynt ar ôl ffa*, Gwasg Carreg Gwalch
'Nid boa constrictyr ydi ciwcymbyr', Myrddin ap Dafydd — *Y llew go lew*, Gwasg Carreg Gwalch
'Bwyd bwli', Dorothy Jones — *Brechdana banana a gwynt ar ôl ffa*, Gwasg Carreg Gwalch
'Gwyliau yn Ffrainc', Gwenan Gruffydd — *Brechdana banana a gwynt ar ôl ffa*, Gwasg Carreg Gwalch

'Aeth plismon bach tew o Lanwrtyd'

Limrigau Geraint Løvgreen — *Holl Stwff Geraint Løvgreen*, Gwasg Carreg Gwalch
'Mae 'na ddynes . . . ', Eirug Wyn — *Briwsion yn y clustiau*, Gwasg Carreg Gwalch
'Roedd dyn bychan . . . ', Eilir Rowlands — *Ych! Maen nhw'n neis*, Gwasg Carreg Gwalch
'Aeth hogyn . . ', Myrddin ap Dafydd — *Y llew go lew*, Gwasg Carreg Gwalch
'Roedd geneth fach . . . ', R.E. Jones — *Limrigau*, Pigion 2000, Gwasg Carreg Gwalch
'I Twm . . . ', Myrddin ap Dafydd — *Armadilo ar fy mhen*, Gwasg Carreg Gwalch
'Daeth gwich . . . ', Gwyn Morgan — *Ych! Maen nhw'n neis*, Gwasg Carreg Gwalch
'Mohamed . . . ', Jacob Davies — *Limrigau*, Pigion 2000, Gwasg Carreg Gwalch
'Un 'Dolig . . . ', Llion Jones — *Limrigau*, Pigion 2000, Gwasg Carreg Gwalch
'Mewn noson . . . ', Eilir Rowlands — *Briwsion yn y clustiau*, Gwasg Carreg Gwalch

'Pan fydd yr haul a'r môr yn cwrdd'

'Ynys Llanddwyn', Emyr Huws Jones — Cyhoeddiadau Sain/*Digon Hen i Yfed*, Gwasg Carreg Gwalch
'Guto Benfelyn', I.D. Hooson — *Cerddi a Baledi*, Gwasg Gee
'Y graig ar lan y môr', T. Llew Jones — *Cerddi Newydd i Blant*, Gwasg Gomer
'Llongau Caernarfon', J. Glyn Davies — *Fflat Huw Puw a cherddi eraill*, Gwasg Gomer
'Cloc tywod', Myrddin ap Dafydd — *Y llew go lew*, Gwasg Carreg Gwalch

Cyflwyno Lis Jones

'Nefyn', Lis Jones — *Byw a Bod yn y Bàth*, Gwasg Carreg Gwalch
'Amser gwely', Lis Jones — *Byw a Bod yn y Bàth*, Gwasg Carreg Gwalch
'Brawd a chwaer', Lis Jones — *Byw a Bod yn y Bàth*, Gwasg Carreg Gwalch
'Yn y bore', Lis Jones — *Byw a Bod yn y Bàth*, Gwasg Carreg Gwalch
'Aderyn y to', Lis Jones — *Byw a Bod yn y Bàth*, Gwasg Carreg Gwalch
'Dychymyg', Lis Jones — *Byw a Bod yn y Bàth*, Gwasg Carreg Gwalch

Dwi ishe bod mewn band roc a rôl

'Cais Mark Taylor', Ysgol Capel Garmon — *Armadilo ar fy mhen*, Gwasg Carreg Gwalch
'Lleufer dyn yw llyfr da', Myrddin ap Dafydd — *Armadilo ar fy mhen*, Gwasg Carreg Gwalch
'Breuddwyd Roc a Rôl', Edward H. Dafis — Cyhoeddiadau Sain
'Rownderi', Emrys Roberts — *Loli-pop Lili Puw*, Gwasg Carreg Gwalch
'Syn-ema', Tony Llewelyn — *Chwarae Plant*, Gwasg Carreg Gwalch
'Y Gêm', Gwynne Williams — *Gwreichion*, Gwasg Gomer

'Gwyyych! Waaaw! a Cŵŵŵl!'

'Tennis bwrdd', Ysgol Esceifiog — *Armadilo ar fy mhen*, Gwasg Carreg Gwalch
'Sglefr-rowlio', Ysgol Corn Hir — *Armadilo ar fy mhen*, Gwasg Carreg Gwalch
'Rownderi', Ysgol y Graig — *Armadilo ar fy mhen*, Gwasg Carreg Gwalch
'Cais Jonah Lomu', Ysgol y Ganllwyd — *Armadilo ar fy mhen*, Gwasg Carreg Gwalch
'Hoci iâ', Ysgol Gymraeg Morswyn — *Armadilo ar fy mhen*, Gwasg Carreg Gwalch
'Nofio', Ysgol Llangybi — *Armadilo ar fy mhen*, Gwasg Carreg Gwalch

'Tri pheth sydd yn fy ngwylltio'

Y penillion traddodiadol

'Mae'r olew . . . ', Eirwyn George

'Jonah Lomu', Emyr Lewis

Tribannau Morgannwg, gol. Tegwyn Jones, Gwasg Gomer

Cyfansoddiadau a Beirniadaethau, 1993

Armadilo ar fy mhen, Gwasg Carreg Gwalch

Cyflwyno T. Llew Jones

'Y Môr', T. Llew Jones

'Noson Tân Gwyllt', T. Llew Jones

'Y Lleidr Pen-ffordd', T. Llew Jones

'Distawrwydd', T. Llew Jones

'Y Fedwen', T. Llew Jones

Cerddi Newydd i Blant, Gwasg Gomer

Cerddi Newydd i Blant, Gwasg Gomer

Penillion y Plant, Gwasg Gomer

Cerddi Newydd i Blant, Gwasg Gomer

Penillion y Plant, Gwasg Gomer

'Hen wraig yn pluo gwyddau'

'Storm ar y Môr', Carys Jones

'Cenllysg', Myrddin ap Dafydd

'Niwl', Zohrah Evans

Armadilo ar fy mhen, Gwasg Carreg Gwalch

Armadilo ar fy mhen, Gwasg Carreg Gwalch

Armadilo ar fy mhen, Gwasg Carreg Gwalch

'Hyd blaen ei gynffon'

Y penillion gwreiddiol yn eiddo i Myrddin ap Dafydd

'CH sydd am chwerthin'

'Fy llythrennau i . . .', Carys Jones

'Gysgodd pawb yn iawn?', Myrddin ap Dafydd

'Mefus a mafon', Myrddin ap Dafydd

'I Lawr', Carys Jones

Armadilo ar fy mhen, Gwasg Carreg Gwalch

Armadilo ar fy mhen, Gwasg Carreg Gwalch

Brechdana banana a gwynt ar ôl ffa, Gwasg Carreg Gwalch

Armadilo ar fy mhen, Gwasg Carreg Gwalch

Dim ond seren wib

'Gofodyn ap Llŷr', Dyfrig Davies

'Llong laeth', Myrddin ap Dafydd

'U.F.O.', Valmai Williams

'Seibr Ofod', Aled Lewis Evans

'Seren wib', Myrddin ap Dafydd

Briwsion yn y clustiau, Gwasg Carreg Gwalch

Y llew go lew, Gwasg Carreg Gwalch

Ych! Maen nhw'n neis, Gwasg Carreg Gwalch

Tawelwch! taranodd Miss Tomos, Gwasg Carreg Gwalch

Armadilo ar fy mhen, Gwasg Carreg Gwalch

DWY GYFROL ARALL
I DDENU PLANT AT FARDDONIAETH

Pedwar Pŵdl Pinc a'r Tei yn yr Inc

Ymarferion elfennol sy'n delio, darganfod geiriau,
cael hwyl gydag odl a chyflythrennu a rhythm.
Addas ar gyfer CA1 a CA2.
Myrddin ap Dafydd; Cartwnau: Siôn Morris;
Gwasg Carreg Gwalch, 0-86381-529-4. £6.50

Sach gysgu yn llawn o greision

Unedau sy'n cynnwys cerddi ar themâu: Cymru a'r Gymraeg; rhyfel a thrais;
tyfu; gwlad a thref; ffansi a chariad.
Cyflwyno beirdd a'u gwaith: Mihangel Morgan; Elinor Wyn Reynolds.
Cyflwyno mesurau: baled, soned, y wers rydd.
Cyflwyno ffurfiau: parodio, disgrifio.
Gol.: Myrddin ap Dafydd; Lluniau: Siôn Morris;
Gwasg Carreg Gwalch, 0-86381-626-6. £7

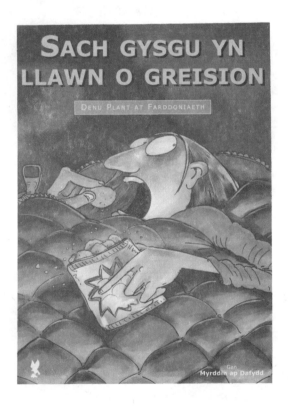

BRANCH	DATE
RW	4|01